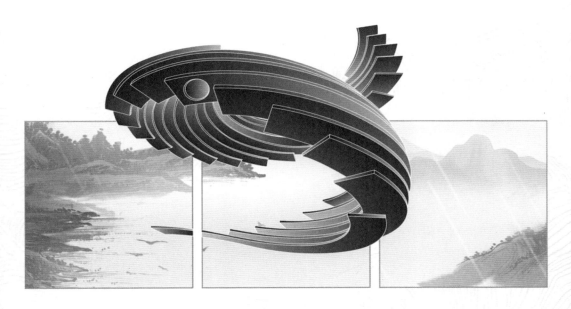

改变世界的鱼

让农民没有荒地

马洪海 ◎ 著

中国财富出版社有限公司

图书在版编目（CIP）数据

改变世界的鱼：让农民没有荒地 / 马洪海著 .-- 北京：中国财富出版社有限公司, 2025.4. -- ISBN 978-7-5047-8396-7

I.F31

中国国家版本馆 CIP 数据核字第 2025U5C825 号

策划编辑	郑晓雯	**责任编辑**	梁　凡	**版权编辑**	武　玥
责任印制	尚立业	**责任校对**	庞冰心	**责任发行**	董　倩

出版发行	中国财富出版社有限公司			
社　　址	北京市丰台区南四环西路 188 号 5 区 20 楼	**邮政编码**	100070
电　　话	010-52227588 转 2098(发行部)	010-52227588 转 321(总编室)
	010-52227566(24 小时读者服务)	010-52227588 转 305(质检部)
网　　址	http://www.cfpress.com.cn	**排　　版**	北京松树下文化传播有限公司
经　　销	新华书店	**印　　刷**	北京华强印刷有限公司
书　　号	ISBN 978-7-5047-8396-7/F · 3810		
开　　本	710mm × 1000mm　1/16	**版　　次**	2025 年 7 月第 1 版
印　　张	11	**印　　次**	2025 年 7 月第 1 次印刷
字　　数	168 千字	**定　　价**	68.00 元

前 言

1984年一个风和日丽的下午，沃麦克坐在麻省理工学院门前的大理石台阶上，思考着汽车工业的未来。同样的，"银鱼"在每一个回到家乡的日子都会在房前屋后徘徊。他思考的不是某个订单或与美国沃尔玛的商业合作，而是在深入思考这片生养他的故土的未来。

聪明鱼公司有一种特殊的文化：每位员工都需要以某种鱼类的名字作为自己的花名。这一方面可以彰显公司立足乡村的幽默感和亲切感，另一方面也在时刻提醒员工不要忘记企业的使命。

银鱼是著名的太湖三白之一（太湖三白是指中国太湖的三种河鲜类特产：白鱼、银鱼和白虾）。银鱼对生存环

"银鱼"母亲在家门口

1

境的要求极为苛刻，有银鱼存在的地方一定意味着环境优良。用"银鱼"作为自己的名字，有两层含义：其一，作为聪明鱼公司的创始人，这位从湖南省常德市澧县火连坡镇金山村飞出的"金凤凰"，名字中本来就有一个"银"字；其二，他在时刻提醒自己，有生之年做好一点小事，这件小事就是最大的事。

作为家中的第二个儿子，"银鱼"似乎更多地得到了祖辈的福荫，赶上了改革开放的浪潮。从北方某大型集团公司离职后，"银鱼"先后从事过29个领域的工作，包括外贸、制造业、房车、水上飞机、狩猎俱乐部等。工厂规模最大的时候，员工多达几万人。美国排名前10的大型商业综合体中，6家是他的客户。直到今天，他创办的企业仍然是阿里巴巴在华南区合作最久的伙伴——合作超过27年。

但昔日的辉煌并没有让"银鱼"骄傲，每次回到家乡，萦绕在他心头的依然是忧虑与沉重，以及某种说不清道不明的情愫。

这也许是深受儒家文化熏陶的中国人独有的民族性。

正如艾青的诗句："为什么我的眼里常含泪水？因为我对这土地爱得深沉。"在中国，还有许多像"银鱼"这样优秀的中国人在延续这种责任与深情。

河源市苏家围客家民居1

　　火连坡镇处于荆湘交会之处，是一个千年古镇，原名为火镰坡。相传，昔时镇上从东到西遍布各种制造镰刀、锄头、刀具的铁匠铺，当地人称为火镰。由于地势东高西低，是一个斜坡，因此称为火镰坡。再后来，由于"镰"字书写麻烦，后人干脆改成火连坡。这一修改既丧失了地名原有的韵味，又会让人觉得这里似乎是诸葛亮火烧博望坡、新野之后的战场。

　　改革开放初期，火连坡镇成为澧县第一个亿元乡镇。当时镇上总共有7家乡镇企业，年产值超过1亿元。这里面当然有"银鱼"的重大功劳，其中两家企业由他一手创办，但最终，这些企业都已倒闭。二十世纪八九十年代，中央提出就地城镇化战略，现在回头看这一战略无疑极具前瞻性和正确性。

　　40多年过去了，今天的火连坡人口越来越少，整个镇上能看见的几乎都是"老弱病残"。曾经的工业重镇以及改革开放之初的亿元乡镇逐渐沉寂，辉煌岁月已成往事。

　　火连坡是中国部分乡村的缩影。

　　狂飙突进的工业化，导致大量人口离开乡村，曾经滋养了中国两千多年的乡土，早已不再是诗人笔下田园牧歌般的美好景象，村口也少见袅袅升起的炊烟。

河源市苏家围客家民居 2

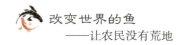
乡村的路在哪里？

许多人都在寻找答案。

工业化虽然带来了富裕与便利，但也导致了污染，并引发了短视的行为以及思维的割裂。**乡村振兴需要透彻的研究、专业的知识、全球性的调研、自身的独立性、企业界的介入以及连续的信息反馈。**

上述的黑体字部分，借鉴了《改变世界的机器》一书作者的观点。我们有理由相信，40多年以后，以"银鱼"为主导的聪明鱼公司可以骄傲地向世界宣布：我们找到了一条正确的道路。这正是本书诞生的核心原因。

一条鱼能够改变世界吗？

当然可以。以鱼名命名的另一本书《鳕鱼往事》，记录的是西方人征战自然、在全世界掠夺的历史。而本书要记录的是一群人如何在科学与人文的交织之下创造新的历史，以及回馈自然的实践故事。这里面有汗水、有智慧，充满了对自然规律的敬畏与遵循，是人与自然和谐共生的结晶。

在《改变世界的机器》出版的时候，丰田已经取得了相比于美国三大汽车巨头的显著优势。也正是基于市场竞争，沃麦克等人才会在麻省理工学院门前的台阶上思考汽车工业的未来，某种程度上也是在思考美国汽车工业的未来。而今天的聪明鱼公司与仍然以化学工业为主导的水产养殖业相比，基本上还是一点烛光，它能改变世界吗？

精益生产领域的大师谭梦曾提醒我："有些事情未必要成功后才能书写，也许正是因为书写了才会走向成功。"人与自然的和谐共生是人类的必由之路，否则，我们就不配在这个星球上生存。

河源市香车渔方基地的早晨

作为笔者，我想向所有读者提出一个小小的请求：你的善良与博爱，正是孕育世界答案的土壤。我们从工业化中获得的不应该是对自然的优势，而恰恰应该是反省。不应着眼于成本与效率的考量，而是基于对生命最起码的尊重。

面对未来，你准备好了吗？

目 录
CONTENTS

第一章 农民、农村、农业

第一节

缩影

哪里有生活，哪里就有人；哪里有好生活，哪里就会有很多人。

随着工业化的不断深入，以及以4万亿元投资为标志的狂飙突进的城市化进程，越来越多的人离开乡村，走向城市。现在，许多三线以下的小城市都处于人口负增长阶段，乡村地区的人口数量更是大幅减少，这当然也包括我的老家。

火连坡镇上一对做早点的夫妻

我的老家在江苏省北部。那里曾发生过重大战役，几千年文明史中战事频繁，是兵家必争之地。按照最新的国内城市排行，该城市基本上属于三线城市。这两年我春节回老家时，看到的几乎都是"老弱病残"，大街上基本上看不到年轻人，更很少有孩子。作为淮海经济区的中心城市，近几年一直对周边地区有强大的"虹吸效应"。但即使是这样，其人口还是减少了约50万。很难想象，不吸引周边人口的城市到底会是什么样子。

我曾经跟随"银鱼"考察过清远市下面的某个县。期间，我们夜宿的那个乡村一片寂静。

广东省面积为17.98万平方千米，常住人口却高达约12780万人。从比例上说，相当于约1.9%的国土面积承载了全国约9.1%的人口，这是几十年"孔雀东南飞"的结果。而就算有这么多人口，也不是平均分配的。广州、深圳、东莞、佛山、惠州等几个中心城市的人口占了全省总人口的60%以上。

打开广东省地图，我们可以看到珠三角地区资源丰富，绿水青山，但周边经济发展较为滞后。

相比拷问，时间都去哪儿了，我们更想问的是，人都去哪儿了。

另一位"渔民""舒宝宝"，在地铁上对我作了一番普及性讲解。

他没有花名，甚至算不上是聪明鱼公司（"银鱼"创办）的合作伙伴，然而他却经常参加聪明鱼公司举办的活动。出于对公司领导者的信任以及觉得鱼好吃等原因，他认养了一个智能渔方，助力开发了1.1亩（约666.67平方米）的荒地。

"舒宝宝"其实是个西北大汉。他的老家在甘肃省祁连山脚下的一个小县城。2024年春节后他回了一趟老家，没有感受到丝毫的热闹。"连卖早点的人都没有了。""舒宝宝"感慨地说："我不敢相信这是县城，人都走了。"曾经依赖土地生存的庞大群体——农民，大部分都去了城市，留下的大多是老年人。

河源市康禾镇干涸的水库

改革开放 40 多年，农业在国民经济中的占比呈现降低趋势（注释 1：1980 年的数字现在能够找到的不是很精确，但是国家统计局 2024 年 12 月公布的 2023 年数据显示，农业占国民经济的比重为 15.34%）。这对应的就是城市化以及人口的大规模流动。同时，中国农业也在发生深刻的变化，中国传统的小农经济模式，包括庭院经济模式基本上被规模化农业取代。大规模、化学工业模式的农业占据了统治地位。在农村，虽然家庭联产承包责任制仍然是主体，但以农村土地承包为主要方式的使用权流转，使许多土地并没有用来从事和农业相关的活动。

河源市某渔业公司工作人员在捕捞

农民的身份属性也发生了深刻变化。

许多在农村拥有较强实力且拥有大量土地的人，往往不是单纯的农民，而是兼具商人的身份。大众脑海中那种单纯面朝黄土背朝天、"汗滴禾下土"的农民，除了一些人还在老家逐步衰老，其余的要么成为农民工，背井离乡在异地从事繁重的劳动赚取薪水，要么早已转换身份成为小商品从业者。

17年的探索过程中，"银鱼"学会了和各种各样的农民打交道。这是项目成功的基础保障，但并不是所有"渔民"都能深刻体会到，即使每次他都是苦口婆心地反复叮咛，很多人仍不断重蹈覆辙。

项目初期，聪明鱼公司在河源市东源县开发了一块菜地。当时的想法是以认领的方式进行销售，完成对社区客户的持久锁定。认领销售的行为让公司背负了沉重的负担，同时让公司深刻地认识到个别农民的狭隘与急功近利。有一次，我和朋友开车去某个小镇游玩，第一天我们偶然在路边一家小店吃到了便宜又正宗的本地走地鸡，但当我们第二天再次光临这家小店的时候，店主就理直气壮地给我们涨了价。

"渔民"在香车基地燃起的篝火

　　然而事物的另一面是，在早期中国共产党的领导之下，中国农民阶级有无数可歌可泣的英雄事迹。母亲送儿子上战场，妻子送丈夫上战场；为了阶级兄弟，农民可以倾其所有，最终在党的正确领导下，推翻了"三座大山"，中华人民共和国成立。

　　事在人为，世上之事最怕"认真"二字！

第二节

涉农项目

2005 年 12 月 29 日，第十届全国人民代表大会常务委员会第十九次会议决定，自 2006 年 1 月 1 日起废止第一届全国人民代表大会常务委员会第九十六次会议于 1958 年 6 月 3 日通过的《中华人民共和国农业税条例》，中国的农业税就此退出历史舞台。这意味着在我国沿袭多年的这项传统税收的终结。

这是中国共产党领导下的中国创造的历史奇迹！

农业税的取消以及政府对很多涉农项目的补贴，使得很多创业者以及投资机构产生了误判，总以为在乡村振兴的大潮中怎么样都可以轻松赚到大钱。这种投机以及轻视心理导致部分涉及乡村振兴的项目开展得并不顺利。

我作为校外老师在深圳大学任教已经有 10 年了，开设了有 2 个学分的全校公选课程。深圳大学是中国极具创造力的高校，处于中国最有活力的城市之一 —— 深圳。同时，作为深圳大学的创业导师，我有机会参与很多创投机构以及各类商业机构的路演。也是基于这个原因，我有很多机会以第三方的视角来审视各类和乡村振兴有关的课题。

我当评委或嘉宾时看到，即使在获取国家高额补贴之后，许多项目开展得仍不是很好。

一位毕业于深圳大学的知名投资人，利用自己通过比特币投资获利的 1 亿元及江西省某地级市 5000 万元补贴之后，他的水果项目还是发展得不顺利。

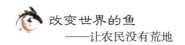
　　另一个由深圳大学知名校友主导的生态农业项目，即使拥有银行等高端客户，却仍需集团公司年年拨款补贴，以维持几百亩的生态农业基地运营。10年的时间，所有的努力都没有得到想要的结果。后来这个校友经常自嘲："算了，就当营销成本了。"

　　在我参与或了解过的几百个涉及农村与农业的项目中，聪明鱼公司是特殊的一个。其特殊之处在于创始人"银鱼"始终坚持必须通过完全商业化的路径解决问题，即基本不给政府添任何麻烦，而其余的数个涉农项目，大多获得了政府的补贴支持。

　　为什么大部分乡村振兴项目都以失败而告终？根源在于不理解两千多年来中国社会一直存在的二元化结构。

　　对于故土，有多少人是既爱又恨。

　　这就是两千多年来绵延不绝的历史文化。

　　在这种文化背景下，要实现乡村振兴，必须深入了解中国的乡土文化。

　　在发展乡村经济时必须妥善处理好政商关系，牢牢把握以农民为工作主线的基本原则。以"不给政府添麻烦"为宗旨，对待农民以"带头干、做给看、让他赚"的九字方针为指导。先利他，后利己，只有这样农民才会与你心往一处想。乡村振兴的事情，必须以农民为主体。

　　在体制内工作期间，"银鱼"虽是农家子弟，但也曾是单位里最年轻的正处级干部，并且在山东省德州市宁津县挂职过两年科技副县长。这种职业经历使得"银鱼"对乡村振兴项目的发展有着深刻的把握。

　　17年来，"银鱼"靠着一双腿走遍了祖国的大好河山，充分践行"没有调查，就没有发言权"的基本原则。"银鱼"走访了长江以南的1428个县级行政区，对农业、农村、农民等的实际状况做了详细调研。这不仅需要财力支持，更重要的是要有实事求是的精神以及不达目的誓不罢休的毅力。这种探索，在今天终于开花结果。

第二章　生态化条件下的标准化

第一节

养活人与吃得好之间

相关资料显示，2023年全国草鱼的产量约600万吨。

农业专家温铁军教授曾发出警告，目前我国农产品是普遍过剩的。有资料显示，我们每年在餐桌上造成的浪费就足够养活许多人。

一次在广东省惠州市的调研，至今让"银鱼"唏嘘不已。

一位60多岁的退伍老兵，断然拒绝了"银鱼"要购买他种植的稻米的打算。

"这个不能卖给你，也不能送给你。"

"为什么呢？"

"这个是肥料种出来的，我们都不吃。"

民众并不愿意花过多的时间与精力去探究目前市面上的化学农业方式。很多食物都是由工厂流水线生产的，其目的是提升产量、降低成本以增强竞争力。

大部分从业者都像那位惠州的退伍老兵一样，只对"自己人"讲真话。通常情况下，面向陌生消费者的产品，是很难保证质量的。作为国内主要的蛋白质来源之一，水产品中的鱼类在市场上流通的很多是"洗澡鱼"或者称为"过水鱼"。为了卖个好价钱及满足消费者的视觉要求，这些用饲料喂养大的鱼会在上市前一周或者一个月内被转移到一片相对干净的水塘或者水库中饿上一段时间，这样鱼的活力就会增强，外观也会更吸引人。但养殖过程中的饲料一点都没有少。整个产业往往更关注产品是否足够便宜。由于价格便宜，民众不得不购买这些质量低劣且存在健康风险的产品。许多公司都在开发密集养殖系统，鱼类自投入系统的那一刻起就与药物和饲料为伴，这不仅导致鱼类容易患病，还经常造成大规模死亡。

鳡鱼，又名黄钻，性情凶猛，以捕食其他鱼类为生。而聪明鱼公司的"渔民""鳡鱼"却是一位性格平和、有智慧、有追求的水产养殖专家。他说："只是现在社会普遍这样，改变需要时间，但我的导师对我做的事情还是大力支持的。"

工业化进程削弱了人类与生俱来的同理心。

有一则关于食品安全的笑话，说起来让人哭笑不得。如今，市面上大部分宠物食品，如狗粮、猫粮等，品质比人类食物还好，原因在于狗和猫遇到不合口味的食物会拒绝进食，同时它们不接受像人类那样的"洗脑"。但人不同，给人"洗脑"容易得多。

长期食用不健康食品的人，身体可能会变差，这是营养学的常识。今天在健康领域发生的诸多问题，其实大部分都是食物导致的。但这个过程一般周期较长，短期内很难有明显的因果相关性，这无疑会让大部分人放松警惕。

富裕起来的中国人显然不再满足于只填饱肚子。在很长一段时间里，生态食品、绿色农产品、有机食品一度成为中产阶级及以上人群的标配。在深圳的许多公司，许多高级管理人员基本上不买国内生产的产品。

在火连坡金山村，"银鱼"的妈妈专门养了几十只鸡，因为她的儿孙们要吃品质高的鸡蛋。

今天已经很少有人见过抱窝的母鸡了，母鸡一旦准备孵化蛋，就会变得极为凶悍。它会认真地用体温去孵化自己的蛋，这个过程一般要18天左右。蛋孵化出来后，母鸡还会带着一群小鸡仔四处觅食。家里的狗、鹅等动物，论体格要比母鸡大得多，但对于带崽的母鸡，它们都会敬而远之。我们这一代人小的时候，在农村，无论是动物还是人，几乎都害怕抱窝母鸡，因为它真的非常凶。"银鱼"妈妈养的鸡都是由母鸡抱窝孵化出来的。这种鸡下的蛋，蛋黄的颜色和超市里卖的鸡蛋完全不同。人经常吃这样的鸡蛋，可能会降低生病的概率。这种鸡蛋或许对身体某方面有调养作用。在我小时候，我的祖母经常用这种鸡蛋加上槐树皮做成菜，给小孩子调理肠胃。

"鲮鱼"最不喜欢坐班，他是"银鱼"的弟弟，最乐意做的事情就是住在公司的基地。那里空气清新、食物口感好；天地开阔，压力小，还没有噪声，人的睡眠质量也超高。"鲮鱼"只在基地住了半年，白发就开始变黑了。后来因为工作需要，他必须回到深圳总部，结果不到半年，黑发又开始变白，变化非常明显。

因为缺乏参照系，大部分城市人都很难感知到这种明显的对比。而只要是还有家人在乡村生活的城市居民，逢年过节从家乡返城时，汽车后备箱中基本上都会塞满瓜果蔬菜、鸡鸭鱼肉等家乡特产。这是还在乡村老家的人给家人准备的礼物，也是庭院经济的余晖。现在很多年轻人的体质反

常德市澧县渔墅周边的菜地

倒不如中老年人，食物来源是极为重要的原因。过去的食物跟现在的食物到底有什么区别？这个秘密被美国的一位生物学家揭晓。

莎拉·巴兰坦是美国著名的生物医学博士，在其著作《原始饮食》(*Paleo Diet*)中，巴兰坦提到了一个重要的概念：营养密度。营养密度指的是能量与营养素的含量，即以

常德市澧县基地种出来的玉米

食品中单位热量为基础所含重要营养素（维生素、矿物质和蛋白质）的浓度。

为什么我们会觉得"银鱼"的妈妈以及成千上万在老家的妈妈们养的鸡孵出来的鸡蛋好吃？原因很简单，这些历经岁月沉淀的食物，无论是动物还是植物，都具有高营养密度。一只普通的小鸡由母鸡抱窝孵化出来，在以剩饭、虫子、草籽为食的情况下，一年时间只能长到1000～1500克。它的羽毛颜色、形态、灵活性、肉质的构成、所含有的微量元素等，与工厂饲养的鸡不同，其营养密度要高好几个数量级，这样的食物当然会给人们带来完全不同的感受。

香车农家乐自己腌制的腊肉

庭院经济被取代后，这些看起来土得掉渣的东西在今天反而成了奢侈品。

尤其是处于生长发育期的未成年人，经常食用的食品品质在一定程度上会影响

其一生的健康走向。而高营养密度的食物，一定要经过时间的沉淀，无法速成。例如，长白山的野生人参的生长时间越久，价格越贵；而人工种植的速成人参，其药用价值大多较低。

游客自己摘的用来做烧烤的玉米

高营养密度的食物，通常都与大自然紧密相连。城市里的人一般不会这么幸运，即使是高收入人群，也未必有条件总是能获得这些高营养密度的食物。

遗憾的是，妈妈们的养殖方式产量太低，并且结果不可控。人类迫切需要更多可控的方式来满足快速增长的需求。工业化带来了财富，带来了便利性，也带来了从物质到精神的各类"快餐"。我们的感官需要被不停刺激，我们已经忘记了大自然的味道。

今天所有从事有机食品、绿色食品的企业都面临一系列重大的挑战，而关键在于如何在产量与质量之间寻求平衡。

基地种植的南瓜

若没有生态化，我们的生活可能"猫狗不如"；但要是完全生态化，我们将无法养活众多人口。

到底该如何在这两者之间寻找

平衡？

　　木村秋则是日本青森县的一个农二代。有一天他提出了一个看似荒唐的问题：在人类没有发明农药之前，有苹果吗？那时候的苹果是什么样子的？为了解答这个问题，木村秋则一个人探索了 11 年。在此期间，他不仅耗光了家产，甚至一度得罪了黑社会，最终，他成功培育出了不需要农药的苹果。这种苹果放在房间里会自然风干成苹果干，这是《这一生，至少当一次傻瓜》中的故事。

　　在某些时候，"银鱼"有点木村秋则的影子。当他在深圳龙岗区某个水域中反复进行设备实验的时候，周围很多熟人都觉得这个老板是个傻子，好好的东西怎么都扔到水里呢？在产品未面世之前，连他自己都一度怀疑是否可以成功。

第二节

生态化的挑战和机遇

看待问题时，不同的出发点会导致完全不同的结果，乐观主义者和悲观主义者的世界大不相同。企业家的历史责任就是在危机中看到机遇，在挑战中拓展市场。

参加工作 37 年来，"银鱼"基本上跑遍了全世界。更有一项能让常人惊讶的工作习惯，就是坚持每天做 PDCA（注释 2：指一种管理方法，将质量管理分为四个阶段，即计划 plan、执行 do、检查 check、处理 act）。37 年中任何一天的 PDCA 记录，他都能信手拈来并随时调用。这种坚持令专业人士都感到震惊。坚持一段时间很容易，坚持几十年，这绝非一般人能够做得到的。这个惊人的好习惯让他能够提前感知宏观经济中的某些苗头，并且善于发现经济背后的基本规律。

习近平总书记曾访问美国艾奥瓦州金伯利农场。不久后，"银鱼"也追随领导人的足迹造访了金伯利父子。在和这对父子喝咖

啡的间隙，"银鱼"看到了美国的农民是如何利用现代化的工具完成农场作业的——在无人机和人工智能系统的控制下，不到一小时就完成了所有的工作，这给"银鱼"留下了深刻的印象，同时让他思考作为一名企业家在未来应该肩负的使命，以及在故土利用新技术实施改革的可能性。

热爱学习、善于学习，这是公司领导人具备国际化视野所带来的好处。在"银鱼"看来，今天我们遇到的情况，从全球范围内看是一种与政治形态基本无关的经济发展过程中的必然现象。20 世纪，美国曾经有过重返乡村运动。当时的美国和我们今天遇到的情况差不多，也是食品安全事件频发，人

河源市康禾镇附近的农家菜地

17

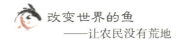
们大量涌进城市，房价高涨，各种隐性矛盾爆发。但随着科技的发展和商业形态的演化，这些问题得到了解决，市场也变得更加活跃。用市场的力量从人性的角度出发解决问题，是企业家天然的使命。

2023 年，中国出生人口约 902 万人，死亡人口约 1110 万人。从世界范围内看，经历拐点之后，很少有一个国家的人口出生率能够实现逆转，因此，市场正在发生巨变。只有敏锐的企业及企业家才能深刻感受到这种变化。中国提出供给侧结构性改革，就是要从生产端提供人们需要但尚未被满足的需

贵州考察途中的金黄稻田

求。这需要新的思维、新的模型以及新的实践。

聪明鱼公司出产的中华银婉（吃草的鱼）

从现在开始到不久的未来，整个社会的消费方式一定是既要生态化又要标准化，这将使人类的生产生活方式发生巨变。

在经历一系列的失败之后，"银鱼"最终还是决定从最常见的草鱼入手，在生态化条件下进行重塑。

草鱼是中国传统的四大家鱼之一，也是真正被中国人完全掌控的鱼种。草鱼产量大，且是一种被大众熟知且具有市场刚需的产品，而"吃鱼健康、吃鱼聪明、吃鱼养生"的观念不需要宣传，早已家喻户晓。

中国人能够享用李时珍认为"其性舒缓、温中补虚，具有平肝、祛风、活痹、

常德市澧县山门水库俯瞰图1

常德市澧县山门水库俯瞰图 2

截疟、暖胃的作用"的草鱼，还要感谢已故的中国知名鱼类养殖学家钟麟教授。在中国水产科学研究院珠江水产研究所的大厅正面，至今仍放置着他的塑像。

在中国的草鱼中，除了带有腥味的野生草鱼，用饲料喂养的比例极高（广东省某老干部局曾计划采购 3 万斤纯生态鱼，找遍了全省只寻找到 8000 斤混养的鱼）。这一现实导致这种和中国人日常生活紧密相关的鱼的市场一直处于恶性竞争的状态。目前饲料喂养草鱼的市场售价约为 10 元 / 斤，且草鱼一年可长至 20 斤。即使是这样，绝大部分养殖户仍然亏损。矛盾的是，卖饲料和卖鱼药的人却大发其财。

选择草鱼，"银鱼"看中的既不是它的产量，也不是它的销量，更不是打算在此领域分一杯羹，要做的是用这种鱼撬动整个生态。

利用一种鱼撬动整个生态，是"银鱼"经过充分调研后得出的科学结论。养鱼需要水，而中国的水域面积很大。

毛泽东曾用"三山六水一分田"生动概括中国土地构成。

水域也是国土，但从经济角度看，其价值输出一直不高。据统计，在1949 年到改革开放前夕，国家总共修建了约 8.6 万座水库（含大、中、小型）。

在农业占国民经济大头的时候，水库一般拥有蓄水、饮用、灌溉、发电四项功能，而随着农业人口的大量流失，饮用、灌溉、发电的功能大多减弱或丧失了。

在惠州市惠阳区，仅一个区就拥有数座水库，但只有几座承担主要供水或防洪功能。广东拥有大中型水库几百座，小型水库数量更多。随着农业用水减少，部分水库功能弱化，但多数水库仍承担着防洪等作用。中国人均拥有的可耕地面积还在持续减少，但中国一直坚守18亿亩耕地红线，尚未突破这一底线。可耕地面积减少，土地的绝对数量本身并没有减少，只是土地的性质发生了变化。

2022年3月6日，习近平总书记在看望参加全国政协十三届五次会议的农业界、社会福利和社会保障界委员时提出，要向森林要食物，向江河湖海要食物，向设施农业要食物。

"银鱼"要做的正是习近平总书记嘱托过的。

在金山村的房前屋后，"银鱼"不止一次陷入沉思。

在40多年来狂飙突进的工业化进程中，农民工群体奉献了核心动能，这种红利源于勤劳的中国人骨子里的高储蓄、低支出、任劳任怨。然而中国最勤奋的几代人都老了，他们的后代，即农二代、农三代们面临的问题是城市很难待下去，而乡下又回不去。今天就算引导他们返乡，他们也不愿意种地，更不会种地。

常德市澧县山门水库俯瞰图3

村子里年轻人都走了，留下的几乎都是老人。许多地都荒了，长满了野草，有几块地种的还是用来喂猪的饲料玉米。农民辛辛苦苦种地，年底算下来还是亏的，当然没有人愿意种。如何让土地产生价值？怎样才能让年轻人回村？传统的农业肯定行不通，经济作物的作用也有限。

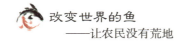
解决乡村问题，人是关键，而如何让年轻人愿意回来是解决问题的核心。

让年轻人愿意回来，就意味着土地必须产生高价值。土地产生了高价值，人的收入增加了，生活水平就会变好。哪里有好生活，哪里就一定会有人，

而人越多，就会产生良性循环。40多年来无数农民涌入城市，根本原因还是在农村收入水平低。

答案就藏在土地中，等待着人们去挖掘。

常德市澧县山门水库俯瞰图 4

第三节

创智、创新、创业与产学研

创新是世界上最难的事情之一，需要突破原有的思维框架，探索未被尝试的道路，超越人们的现有认知，而创新往往伴随着质疑甚至诋毁。

事实上，我们在市场上所说的创新包含了三个环节。

第一是创智，创智是指在认知和智力上的突破。例如，科学家发现了一种原理，这属于人类在认知方面的突破。在经济学领域有了新的观点和新的思维，以及换一个角度看问题等，也属于创智范畴。重大创新往往伴随重大创智活动，重大创智活动也常常引发重大创新与创业活动。比如爱因斯坦提出相对论，这就属于重大的创智活动。奥本海默在爱因斯坦提出的理论指引下完成了曼哈顿工程，则属于重大创新与创业活动。

第二是创新，这里的创新指的是狭义范围内的创造活动，即在创智活动或者实验的基础上，开发出新东西、新模型、新设备、新解决方案等。然而，这些创新行为未必有人们需要的价值，有时候反而是浪费时间与财力。在人类的发明史上，曾经出现过很多让人啼笑皆非的发明，这些都属于没有价值的创新。因此，人类应致力开展对自身有价值的创新活动。

第三是创业，创业是通过某种行为得到人类想要的结果，比如从事贸易、

常德市澧县山门水库俯瞰图 5

制造业等。事实上，很多创业行为并没有创智和创新，有的只是对既定行为和模式的模仿。但是由于人类刚性需求的存在，这种创业行为依然具备巨大的价值。

面对激烈的市场竞争，今天再谈创业，基本上需要创智和创新同时存在，

河源市万绿湖

否则就会陷入内卷。只有坚持创新，才能在市场中获得竞争优势。

产学研，某些时候指的就是创业、创新和创智的结合。不过这个关联不是单向递进的，而是周而复始、循环往复的。学和研通常指的是大学以及科研机构，按照一般的认知，这类机构通常都从事创智与创新活动。大学以及科研机构属于知识密集型组织，在过去很长的一段时间内，其认知及领先程度往往高于产业和企业。但最近十年，全球范围内都出现了一种趋势：大学和科研机构的领先优势正在消失，一些头部企业走在了时代的前沿。在这个领域，聪明鱼公司走在了科研机构的前面。

第三章　环境资本论

第一节

资本主义的财富密码与环境资本

　　资本主义制度在世界上已经存在几百年，自工业革命以来，人类创造了无穷无尽的奇迹，但其中的大部分发展与中国人关系不大。历史留给我们的记忆是 19 世纪开始多年的屈辱。落后就要挨打，这是历史留给中国人最深刻的教训。

　　然而，从大历史观的角度审视世界，我们要思考一个底层问题：究竟是什么原因让工业文明对农业文明形成了降维打击？

河源市东源县畲族村乡村振兴示范基地

荒废的田地

　　除却坚船利炮，创造财富方式的根本性转变也许就是答案。

　　马克思主义认为，生产力决定了生产关系，而生产力的核心体现为创造财富的方式以及改变世界的能力。如果再进一步从底层逻辑上思考，为什么工业文明能够创造财富？原因其实很简单，几百年的工业化对于人类来说，本质上是一种"炼金术"。

　　古代的炼金术主要用于炼丹，为王公贵族的修仙梦想服务，这是人类早期科学的起源之一。工业化以来的生产力发展，本质上是现代版的炼金术：通过某种技术改变物理世界中物质的性质，如金属、石头、沙子等，最终使其变得有价值。工业时代的炼金术造就了人类的辉煌，使人类的生产生活方式发生巨变，创造的财富超过任何历史时期。我们使用的汽车和飞机本质上就是一堆钢铁，但工业化技术让它们可以奔跑和飞翔；手机芯片的主要原料是沙子，我们却可以用手机来与世界交流。这些物质形态改变以后，满足了人类出行、交流的基本需求，构建了基本的商业形态。

聪明鱼公司连平小九寨基地

最初人类希望通过炼金术得到黄金，因为黄金本身就是财富的象征。

对于人类来说，黄金既不能吃，也没有太多用处。除了可以加工成装饰品，也许就是作为货币的锚定物了。就像马克思在《资本论》中所说的："金银天然不是货币，但货币天然是金银。"黄金作为一般等价物，其核心价值基于几个基本原则：不易磨损、易切割、容易形成共识。事实上，只有具备稀缺性、易分割性和耐用性的物质才可能通过共识成为一般等价物，比如美国监狱中的"马应龙"和"老干妈"（注释3："马应龙"是一款治疗痔疮的药物；"老干妈"是中国贵州的一款辣酱）。

和人类生活、生命真正密切相关的是食物、阳光、雨露等。这些要素是人类赖以生存的必需品，它们远比黄金值钱，人们却很少为它们付费。过去几十年间，也有许多商业天才开发了类似某某森林的空气、某某地区的养生水等商业项目，但这些项目最终都如过眼烟云，昙花一现后消失不见。

人类离不开环境，更离不开好的环境，但人类拒绝为环境付费。

常德市澧县山门水库区域俯瞰图

常德市澧县渔墅周边复垦的菜地

就其经济属性而言，人们之所以不愿意为环境付费，是因为环境要素具有非稀缺性。就如空气，一般情况下人人都能呼吸到，因此没人愿意付费。只有在环境要素变得稀缺的时候，比如登高运动中的氧气瓶、九寨沟美景的门票等。但这种应用非常有限，并且不具备可复制性以及工业化的任何可能。

那么到底该如何让环境产生资本价值，并且让人们乐意为环境付费？最佳的方法是找到一个类似黄金的锚定物，将与人类密切相关的环境转换为资产包，用锚定物给资产包定价。这个逻辑一旦形成闭环，必将给中国乃至全世界的农业产业带来革命性的变化。

农村的袅袅炊烟，背后是静谧的环境，这样的环境其实很值钱。广东省珠三角地区周边都是绿水青山，拥有优质的环境资源，现在缺的是能点石成金的"新炼金术"，以及能够给环境资产包定价的锚定物。

能够成为环境资产包锚定物的产品必须符合四个基本条件。

一是产品刚需，就是人人都需要，没有任何先决条件，只要是个活人就得需要的东西。

二是产品高频，指发生的场景。每天、每时、每刻都在发生，生命周期非常短。

三是产品高壁垒，这个产品需要一定的技术与资源作为前置条件，并不是人人都能造得出来。比如手机，人人都需要，但一定不是人人都能造出来。不仅如此，产品所需要的技术和资源还必须具备可复制性与资源独占性。

四是产品复购，指该产品与消费者之间的链接建立后就会形成高黏性，消费者会持续不断地购买。

符合上述四个条件，并且能够作为环境资产包锚定物的，一定是满足人类基础需求的。一旦这个锚定物存在或者被开发出来，那么广大乡村环境就具备了资本价值。有了高收益，人自然就会回流乡村，乡村自然就会振兴。

"银鱼"的目光锁定在了草鱼养殖领域。

聪明鱼公司的"渔民"在水库投放智能渔方前的取水检测（无人机拍摄）

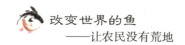

第二节

人工智能应用下的系统发明

"银鱼"用两年时间打造了第一个"新炼金术"——智能渔方。

实际上在 20 年前，"银鱼"曾尝试过的 29 项商业项目中就有智慧养殖。

不过那时候的技术条件有限，无论是带宽还是数据处理能力都无法满足要求。国家在乡村实施的"六通"（注释 4："六通"指的是在乡村实现通路、通水、通电、通信、通气、通物流）工程以及人工智能技术的最新发展，让一切迎来了巨大的历史机遇。

智能渔方是深圳市聪明鱼智能科技股份有限公司研发的智能养殖系统，通过人工智能和 AIoT 技术，实现高度生态的养殖模式。该系统拥有二十余项发明专利，包括太阳能光伏板、5G 通信模块、摄像头、投食器、黑光灯、生物传感器、给氧设备等。

一块 60 平方厘米的太阳能光伏板所发出的直流电足够带动照明、摄像头以及投食器。在一个 3 米 ×3 米 ×4 米的 36 立方米的装置中，集成了太阳能光伏板、5G 通信模块、黑光灯、各类生物传感器等。而基于可变性浮力的网架结构，其材料与结构都是经过特殊设计，不仅不会释放任何对水体的二次污染物，还可以解决水位变化的动态应力问题。这个看似普通的设备其实蕴藏了几十年的研发心血，它马上就要投入实际应用。"银鱼"把整个系统称为"智能渔方"。

第 1 代智能渔方

这个人工智能应用系统，有很多有趣的应用场景，比如孩子可以在手机上通过摄像头观察鱼的状态，进行投食、对话或者播放音乐。当消费者需要购买鱼时，可以在线下单，这样就可以在基地工作人员的帮助下实现"活鱼到家"（以后会由机器人自动完成）。只需轻点屏幕，即可与朋友分享，或在线赠送活鱼。当然，这些功能并不是最核心的，仅用于消费者食用和娱乐体验而已。

河源市连平县小九寨基地，渔方串行图1（实景）

在完成相关审批手续后，通常情况下每个水库只会选择 1/10 的水面来投放智能渔方。一个智能渔方在水面上占 9 平方米的面积，一个水库可以安放数百个乃至数千个渔方。

不是所有的环境都有价值，几十年的工业化过度透支了本来应该属于所有人的环境资源，这些隐性成本实际上严重影响了人类子孙后代生存的权利。早期为了追求产量而建立的庞大的饲料养殖区，不仅产品本身有各种问题，还严重污染了环境。

要想养出好鱼，良好的水质是基本条件，但什么样的水才是好水呢？

通过实践，在水体的选择方面，"银鱼"以及公司的科研团队摸索制定了 13 项标准，这对实现标准化具有极为重要的意义。

水体选择标准如表 1 所示：

表 1　水体选择标准

编号	属性	具体要求	备注
1	是否为饮用水源	不得使用饮用水源	必须否
2	是否为活水	必须是 365 天活流水	必须是
3	水深及流速	平均水深一般超过 5 米	
4	枯水期	考察 60 年水文资料：最低水位、枯水期	枯水期最低水位不能低于 4 米
5	水面面积	超过 100 亩为佳	
6	配套设施	周围是否"六通"	—
7	上游污染情况	不能有污染源（含工厂、饲料养殖场等）	—
8	周围资源情况	是否有荒地、自然景观	1～10 分
9	周围商业环境	周围是否有旅游区等	
10	权属证	—	
11	养殖证	—	
12	合作意向	—	
13	租赁合同等法律文件	—	

这些条件看起来很苛刻，但就我国数万座水库而言，至少有一部分是符合条件的。

"银鱼"真正要做的是利用这套智能设备进行生态系统构建。

公司每投放一个智能渔方，通常会在水库周边一小时车程范围内找到 1.1

亩（约 666.67 平方米）荒地。公司把农民的土地租过来以后，不是用来种农作物，而是用来种植草料。租用农民的荒地是一件相对简单的事情，甚至有时候根本不需要寻找就会有人找上门来，因为荒地实在是太多了，这项工作最大的挑战是避免农民临时提高租金。

公司会和农民，也就是土地的使用权人签订一份长期的合同，这样农民可以获得第一份收入，就是土地租金。与此同时，公司也会与农民协商，在完全平等自愿的情况下，聘请农民协助公司工作。受聘农民不对工作结果负任何责任，只需按公司要求完成日常工作。事实上，上述步骤不会完全按部就班地进行，许多步骤可以同时进行。在农民拿到第一笔租金的时候，土地就开始产生价值。

但要产生较高的经济价值，还需要做很多事情。

河源市连平县小九寨基地，渔方串行图2（实景）

土地租过来之后，通过机械设备略加处理（不加任何农药、化肥），比如翻地、分片等，把土壤整理松软后投放草种。这些草种是经过特殊选择的，分别是玉米草、甜象草、黑麦草、苜蓿草。

玉米草（学名：香青兰）属于唇形科青兰属植物，通常生长在海拔220米～1600米的干燥山地、草坡、林缘、山崖等地。多枝，叶、枝似罗勒，花色天蓝，略带粉红。籽似胡麻籽，

连平县小九寨配套草地（玉米草）

稍小，呈土黄色，味酸甜且芳香，根系独立生长。人工栽培的玉米草叶细长、多枝、柔软，有清香味、味甜，花色浅蓝，籽多色白。玉米草看起来确实很像玉米的幼株，叶子和根茎都可食用，味道甘甜。

这种草对于生长环境要求非常低，适合各种土壤。适应性强，产量高，在满足自身生长的同时，还可以有效改良土壤（种玉米草的土壤里有蚯蚓）。经过人工育种和培育的玉米草，其产量极高。在广东省河源市这个纬度，一亩地年产量至少为10吨，在温度、湿度等条件适宜的情况下，一亩地年产量可达40吨。玉米草属于一年生植物，其生长特性类似韭菜，割一茬长一茬，并且在割草的过程中不需要特别注意，即使混入杂草也没有任何影响，劳动强度

某合作餐厅经理在草地上开心地品尝玉米草

大幅度下降。

玉米草、甜象草、黑麦草是轮作种植的，这既满足了土地轮种的需要，也为草鱼提供了食物来源。甜象草是20世纪60年代从印度、缅甸等国引进的一种新型高蛋白牧草，其年亩产量可达15吨，最高可达30吨，并且可以连续收割7～8年，每年收割6～8次。

农民在割草

最重要的是，这些都是草鱼爱吃的食物。

草鱼的主要食物是水草、藻类等。以玉米草为食物的草鱼，其生长速度比野生草鱼快得多，并且完全是天然的，其间不用投喂任何饲料或添加剂。通常情况下，如果投放400～500克重的草鱼苗，在玉米草等食物充足的情况下，一年时间可以长到2000克左右。其生长速度仅为饲料养殖的1/4，但是品质远超后者。

就像人类的身体会因为食物改变一样，用完全没有污染的玉米草喂养的草鱼，身体可能会发生一系列变化，鱼鳞变得金黄，形体更加优美，让人不禁怀疑这是不是草鱼。

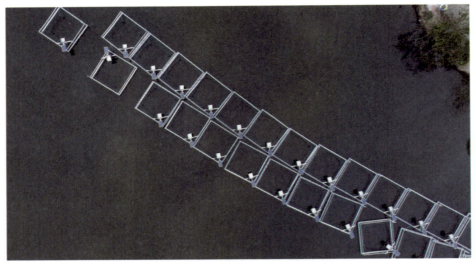

河源市香车基地俯瞰图（投放渔方后）

智能渔方就像一个魔术师，工人们除了按照参数要求一天投喂2次草，其余的事情都交给系统自己处理。渔方投放所选的水域水深必须在5米以上，而智能渔方的深度为4米，这样鱼在渔方里时刻处于悬空状态，永远接触不到水底，不会沾泥。事实证明，这是一个看似简单，实则具有革命性的创举。

黑光灯是一种特制的气体放电灯，是人类不敏感的光源。黑光灯发射波长在365纳米左右的紫外线，昆虫的复眼对波长365纳米的紫外线辐射非常敏感，尤其是飞行中的昆虫。昆虫的趋光性使得夜间野外的黑光灯具有强烈的诱虫作用。

昆虫实际上是高蛋白生物，有些昆虫的蛋白质含量甚至超过80%，以下是常见昆虫的蛋白质含量数据：

干黄蜂的蛋白质含量约为81%，蜜蜂约为43%，草蜢约为70%，蟋蟀约为65%。

从人类牙齿的分布、结构情况看，人类具备杂食性特征。但非常遗憾，人类对昆虫的本能恐惧，阻止了人类食用昆虫。即使科学家把一只蟋蟀洗得再干净，并确保不会有任何传染源，可以肯定的是，绝大多数人仍然不敢食用。

　　智能渔方的黑光灯在控制端使用了人工智能程序，它会随着光通量的传感器数据变化而自动开启或关闭。在光通量大的时候，比如白天，黑光灯会自动关闭；当光通量下降，例如乌云密布或者天黑以后，黑光灯则会自动开始工作。这是一种极其成熟的 AIoT 技术，在深圳可以实现低成本、高质量的生产。为了创造出真正符合人类高品质需求的产品，科技正发挥着越来越重要的作用。

　　黑光灯外围的电罩系统由太阳能光伏供电。其伸展出来的多晶硅光伏板会随着太阳的位置变化自动调整角度，以最佳角度迎接阳光的照射，并将产生的直流电储存在被防水装置保护起来的可充放电系统中。这也是成熟的人工智能小应用。光伏发出的电不仅用来通信，还会驱动黑光灯以及电罩。电罩的放电也是随着黑光灯的开启关闭程序被设计好的。当有昆虫接触电网的时候，电罩就会发出 5～12 伏的直流电，这个强度正好将昆虫击晕，使其失去活动能力，落入水中的昆虫会本能地挣扎，而这恰恰又锻炼了草鱼的捕食活性，草鱼会跳起来（从下面一冲而上）把昆虫吃掉。

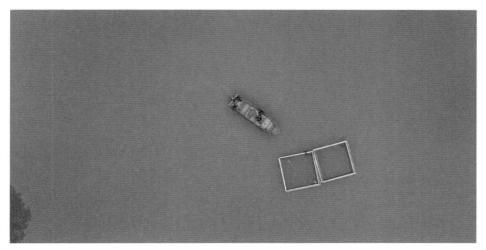

河源市香车基地俯瞰图（投放渔方下水过程）

　　野外有无数只昆虫，尤其是在低纬度地区，一年四季都有数不尽的昆虫。这些自然界的生物常被人们讨厌，但站在更宏观的视角，只要克服了人类的狭隘观念，这些昆虫完全可以物尽其用。

在昆虫活动高峰期，一只黑光灯一晚上通过电罩最多可以诱捕近7000克的昆虫，这是让很多人吃惊的数量，但这并不稀奇，在黑夜里长途驾驶的司机对车头粘满昆虫早已司空见惯。

草鱼吃鱼草和自然界中的昆虫，这些生态化的食物来源有效降低了鱼病的发生概率，并且提高了蛋白质消化率。虽然与传统工业化养殖方式相比，产量和速度要明显地下降，但是品质有了革命性变化。

在密集养殖的过程中，最大的风险就是翻塘，这个问题的根本原因在于缺氧。即使事先考察过水库过去60年的水文资料，但天气时时刻刻都在变化，虽然水体的变化幅度比土壤要小得多。但要想得到超高品质的鱼，每一个细节都必须充分考虑到。

这时候，氧气缓释技术就显得尤为重要了。

通过微米级的渗透孔，在人工智能系统的控制下，传感器会实时传输监测到的水文资料，即温度、压力、含氧量、流速等。根据这些监测数据，人工智能系统将及时作出是否释放氧气的判断，从而保持水中的溶解氧含量为恒定值，确保鱼的活性，避免翻塘。

河源市香车渔方基地夜景

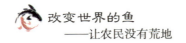

　　智能渔方类似阿波罗登月舱（注释 5：阿波罗登月舱是美国 20 世纪的一项重大发明，所使用的每个技术模块都是当时成熟的技术，但组合在一起却是伟大的发明）。同样的，单独来看智能渔方的每个技术模块，所使用的技术都是成熟的，完全可以做到低成本、高质量，尤其是在深圳这个制造业高度发达的城市，获取这些资源非常便利，但把所有成熟的技术组合在一起的时候，其作用却是革命性的。

　　养殖环境处于高氧状态时，有以下好处。

　　1. 保证鱼的活性，且不用担心翻塘。

　　2. 当鱼处于高氧状态时，活性增强，不容易患病。

　　3. 更重要的是，当养殖环境处于高氧状态时，许多容易致病的细菌、微生物、病毒等都失去了生存能力。

　　这是充分利用自然规律的典范。当水体处于高氧状态时，草鱼的生存环境发生了根本变化，从而产出了独特的高品质产品——完全天然的、零腥味的草鱼。

　　聪明鱼公司利用 AI 技术与生态化方式，养殖出高品质的鱼。

　　智能渔方蕴含很多巧妙的生态设计，比如利用鱼的自然属性实现水质的自动净化。

　　即使采用完全生态化的方式，并且水库水源全年流动，密集养殖依然有可能发生很多问题，比如草鱼拉出的粪便可能会污染水体。为了彻底解决这个问题，经过周密计算，聪明鱼公司在一个智能渔方内一次性投放 300 条 500 克左右的草鱼鱼苗的同时，还会投放 5%，也就是 15 条鳙鱼。鳙鱼别名花鲢、黑鲢、胖头鱼、大头鲢等，生长速度快，抗病力较强，易饲养，而且有净化水质的生态价值。事实上，鳙鱼以浮游生物和有机碎屑为食，能够有效分解其他鱼类粪便中的有机物，从而净化水质。投放 5% 的鳙鱼，可有效净化草鱼的排泄物。

下图是聪明鱼公司的生态渔业循环。

聪明鱼公司的生态渔业循环

这个生态循环实现了零排放、零污染。自然规律与科学技术的完美结合，通过遵循自然规律的方式完成能量转换，在提升水体价值的同时，解决了土地的荒废问题，直接产出优质蛋白质。更重要的是找到了一条可以将环境转化为具有价值且能够增值的资产的可行路径，实现了人与自然的和谐共生。

在这个生态供应链中，祖祖辈辈守在家门口的农民第一次不需要对生产结果负任何责任，只需要上班就行。农民轻松转换了身份，从小生产者变成地租方和产业工人，有了租金和工资两份比较可观的收入。在两年的实验

水库水面上蚊虫飞动后

过程中，和聪明鱼公司合作的 15 位河源市普通农民，实现了平均月收入超过5000 元。

第三节

世界上好吃的（草）鱼

尊重自然，自然就会回馈珍品给我们。

对"银鱼"团队而言，等待的日子充满煎熬，但无法向任何人诉说。作为一家企业，该开展的业务还要继续开展，这无疑是更加艰巨的任务。但开弓没有回头箭，像木村秋则种植无农药的苹果一样，只有种出来才知道结果。结果能证明一切，世界上的绝大部分人是需要看到才相信的，而伟大的领导人却是因为相信才会看到。

当第一尾聪明鱼1号鱼（以下简称"1号鱼"）出网的时候，金黄色的鱼鳞在阳光下折射出耀眼的光芒。

完全生态化条件下养殖的草鱼形体发生了较大的变化，普通的草鱼体

厨师手捧聪明鱼"中华银琬"

型通常都是头较小，但肚子较大，这是工业化饲养的必然结果。1号鱼更像是一位舞蹈演员，身材修长、体态匀称，腹部和尾巴的摆动极其有力，拿在

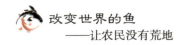
手里闻不到一丝异味，反而有一种淡淡的草香。

17年的探究，"聪明鱼"这条可能改变世界的鱼终于浮出水面。

等待的日子是漫长的，也是让人焦虑的。智能渔方投放入水后，不能立即投放鱼苗，要先养网一段时间，否则网的毛刺可能会刮伤鱼皮，导致鱼感染。这个过程根据温度和水质的变化，通常需要7～15天。

2022年11月，第一套智能渔方下水；2024年春节前后，第一批聪明鱼1号鱼上市。

"银鱼"和所有的"渔民"甚至不知道该如何为这个"新生儿"命名。

一开始大家叫它"吃草的鱼"，这就好比农村孩子起名，先叫阿猫阿狗一样，这个名字无法体现它的价值，并且很容易被竞争对手模仿。

对于这个"新生儿"，在没有推向市场之前，首先要做的就是检测。

以下是检测报告。

报告编号：HXN240119-01

广州华鑫检测技术有限公司
检验检测报告
（部分复制本报告无效）

序号	检测项目	单位	限量值	实测值	定量限/检出限	单项结论	检测方法
1	氯霉素	μg/kg	不得检出	未检出	0.2	合格	GB 31658.2-2021
2	孔雀石绿	μg/kg	不得检出	未检出	0.5	合格	GB/T 19857-2005
3	呋喃唑酮代谢物*	μg/kg	不得检出	未检出	0.5	合格	农业部783号公告-1-2006
4	呋喃它酮代谢物*	μg/kg	不得检出	未检出	0.5	合格	农业部783号公告-1-2006
5	呋喃它酮代谢物*	μg/kg	不得检出	未检出	0.5	合格	农业部783号公告-1-2006
6	呋喃妥因代谢物*	μg/kg	不得检出	未检出	0.5	合格	农业部783号公告-1-2006
7	洛美沙星	μg/kg	≤2	未检出	2	合格	GB 31658.17-2021
8	培氟沙星	μg/kg	≤2	未检出	2	合格	GB 31658.17-2021
9	氧氟沙星	μg/kg	≤2	未检出	2	合格	GB 31658.17-2021
10	诺氟沙星	μg/kg	≤2	未检出	2	合格	GB 31658.17-2021

聪明鱼"中华银豌"检测报告

当检测报告递到"鳡鱼"手中的时候，他几乎不敢相信自己的眼睛。"我原来以为要到我儿子那一代才可以实现的梦想，现在就变成现实了。我在大学里学的东西要重新学过了。"说这句话的时候，"鳡鱼"热泪盈眶。

没有农药的苹果是什么样子的？这个可以问木村秋则。

没有任何添加剂、鱼药、激素的鱼是什么样子？这个可以问聪明鱼公司。

木村秋则的苹果咬上一口会让人流泪，聪明鱼公司的鱼吃上一口会令人赞叹不已。

厨师加工后晶莹剔透的"中华银琬"鱼生条

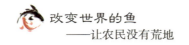
迄今为止,已有超过12000人品尝过这条鱼,好评率达100%。更重要的是,在12000人的体验中,超过半数给出了"长这么大第一次吃那么好吃的鱼""记忆当中最好吃的鱼""这辈子吃过的最好吃的鱼"等极高评价。听到这些反馈,所有的"渔民"都笑了。

这条鱼到底有什么不同?

从商品学的角度看,这条新生的草鱼已完全是革命性的产品。虽然在生物学意义上它与传统的草鱼还是同一个物种,但它的四大特征使它完全区别于传统养殖和野生的草鱼。

第一大特征是零污染。1号鱼的饲养完全采用天然的青草,整个过程没有使用一克饲料、一剂鱼药。鱼身色泽金黄、形态优美,鱼及养鱼的水均通过权威机构检测,未检出有毒有害物质。在未来社会,零污染属于基本要求,也是食品安全的准入门槛。按照这个标准,现在的绝大部分食品都不合格。

第二大特征是零腥味。腥味是几乎所有鱼类的常见特征,千百年来人们已经习惯了鱼的腥味。当一条没有任何腥味的鱼呈现在人们眼前时,很多人都不敢相信。海水鱼类的腥味来自鱼体内的三甲胺代谢,而淡水鱼的腥味来自泥土中的土臭味素以及各种微生物。前面已经陈述过,1号鱼采用离地悬浮养殖技术,全程不与池底或网箱底部接触。这是个看似简单,实则是革命性的举措。零腥味这个特征不需要任何验证,每个人的鼻子都是最好的检验官。在基地水库,几百个渔方一字排开,每个渔方中至少有几百条鱼,但基地内却闻不到一点鱼腥味。即使在捕捞的过程中与鱼直接接触,手上也不会有任何腥味。消费者的体验更佐证了这个特征,一个客户在厨房里处理鱼的时候,这条不甘心下锅的鱼奋力挣脱了,从厨房蹦到了客厅。全家人和来的客人都参与了"抓捕"过程,但所有人手上都没有腥味,同时鱼儿挣扎过的地板上也没有任何腥味。

第三大特征是高含氧量。通常情况下,食物的含氧量高意味着新鲜、纯净、天然、健康、活力和养生。含氧量高意味着品质优良,味道纯净。这原来是一个需要有一点教育背景才能理解的特征，但现在消费者只用肉眼就可以分辨出来。含氧量高的另一个证明是 1 号鱼给人们带来的意外，这既有视频也有当事人的说明。高含氧量的鱼就如青春期的孩子，永远活力无限。除了前述的几人在客厅抓鱼的搞笑场面，类似的事情其实已经发生过很多次。聪明鱼公司的股东"同乐鱼"，节日的时候收到了公司的活鱼礼物。在杀鱼的时候稍微不注意，鱼竟然从厨房一路跳到了书房，为了收拾

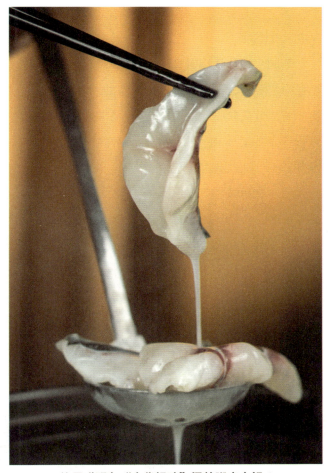

使用聪明鱼"中华银琬"烫的粥底火锅 1

它，生生敲断了两根擀面杖。另一位合作伙伴，一家私房菜馆的张总为了给客户送几条鱼过去，在一个只放了半池子水的水箱里抓了半小时，弄得一身汗，竟然没有捞到一条鱼。

碳、氢、氮、氧是构成有机体的四大基本元素。血红蛋白的携氧能力是衡量生物活性的关键指标，同时也与人体健康密切相关。空气中一般氧含量为 21%，但这个数据是平均值，并不是所有地方都能达到这个标准，城市居民所处环境的含氧量是普遍偏低的。现代人常见的各类亚健康问题产生的核

心原因之一是缺氧。从这个意义上分析，1号鱼实际上属于健康产品，可以促进人体健康。

第四大特征是高营养密度。营养学家莎拉·巴兰坦提出了这个概念，并且在书中屡次指出越是接近原始状态的食品营养密度越高。在食品工业高度发达的今天，想获取原始饮食已变得极其困难。不同生长条件下产出的食物，其营养价值不同。即使是特殊阶层，也未必有条件持续获得这些高营养密度的食品。

1号鱼之所以是高营养密度食品，不仅在于整个养殖过程没有任何添加剂和饲料，更在于养殖过程本身是生态化的，或者说是模仿自然原始状态的。通过人工智能的精准调控，把一切参数控制到最佳，这个过程高度还原了自然原始状态，同时把一些自然界无法规避的负面影响（比如腥味）完全去掉了，因此养殖出来的1号鱼超越了纯天然野生鱼的品质。

使用聪明鱼"中华银琬"烫的粥底火锅2

　　这一特征虽然需要一定的知识背景才能理解，但其实很容易通过妈妈养的鸡产出的鸡蛋事实类比而理解。1号鱼所带来的卓越体验已经让很多消费者难以接受其他鱼类，人类都是由俭入奢易，由奢入俭难的。后来经过检测，发现1号鱼的鲜味氨基酸含量是野生鱼类的4倍，这也是为什么如此多的人体验感超好。妈妈们也没有养出来的好鱼，被聪明鱼养出来了。

　　随着科学技术的进步，人们会逐步发现原来很多习以为常的理解与概念未必是正确的。比如"良药苦口"，事实上千百年来之所以"良药苦口"，是因为不当的加工方式使药物发生变性、焦化。在植物分子定向纯化提取技术（PLEESIT）这种纯物理的加工处理方式下，我们突然发现，大部分的植物，它们本来的味道都是清甜的。

鱼皮也是一道美味

　　千百年来人类食用鱼类，都在想尽一切办法去除腥味，并为此发明了一系列的产品。我们从来没有想过腥味也许并不是鱼类的本质特征，而是一种对人有害的环境的污染物。腥味是鱼类在进化过程中的保护机制，因为野生

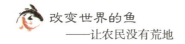
鱼类的生存目标并非成为人类食物。但人类实在是太聪明了，我们可以想尽一切办法屏蔽这些不利的因素，从而让食物得以入口和可口。

聪明鱼公司的这个实践发现，可以从底层改变人们的认知。在科学的指引下，我们可以把这种理解延伸、扩展到几乎所有的生物，那将是一个何等美好的世界。

润物细无声。人们的身体素质其实大部分取决于日常的饮食与卫生习惯。在抗日战争时期，有日本人曾描述说国民党军通常一次高强度冲锋后就伤亡率较高。原因很简单，那时中国的士兵所摄取的食物基本上是碳水化合物，并且大部分人处于营养不良的状态。中华人民共和国成立后，随着人们生活卫生条件的改善，中国人的平均寿命从 1950 年的约 35 岁一步步增加到 2021 年的 78.2 岁。人们吃饱饭了，但却吃得不健康。因为食品导致的问题层出不穷。很显然，1 号鱼的上市，必将有助于国民改善身体素质。

聪明鱼鱼生，晶莹剔透

我们的舌头不会骗人。

1号鱼全身都是宝，在烹饪过程中没有任何浪费，甚至鱼鳞都变成了一道美味。数以百计的美食家与顶级厨师都品尝过1号鱼，其中许多人还亲自参与烹饪实践。

张女士是深圳市南山区知名主题餐厅B&B的CEO，她的老家就在河源，家里有鱼塘，从小吃父亲养的鱼长大。她来深

聪明鱼全鱼宴

圳30多年，一直从事餐饮业，可以说是做了半辈子的鱼，也吃了半辈子的鱼。当她第一次品尝1号鱼时，她说："这是我长这么大吃过的最好吃的鱼。"

郑先生是有名的石斛大王，几十年来一直致力于鼓槌石斛的物种保护、种植、开发与利用。在餐饮领域，他是天生的行家，这得益于他独特的天赋。他是我遇到过的舌头最敏感的人，在品尝鱼生的过程中，连中途换了一位厨师他都能尝出来。对调味酱料、配菜等，尤其是酱油，他能精准地说出是哪家公司生产、哪一个批次的产品。当他第一次品尝到1号鱼的时候，他说："这

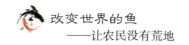
是到今天为止，我记忆当中吃过的最好的鱼。"郑先生的会所曾经接待过像马云、李彦宏这样的IT巨头，当然也接待过国家高层领导人。

谭学文是谭家菜第四代传人，是军人出身，曾经在部队中靠做菜获得二等军功。他是中国烹饪大师。当他第一次品尝到1号鱼的时候，他感慨地说："这是迄今为止我吃过的最好吃的淡水鱼。"并且因1号鱼肉质洁白如玉，谭大厨把1号鱼命名为"中华银琬"，并且在几次沟通后，他欣然同意受聘为聪明鱼公司的首席烹饪大师。他说："我一定要让这条好鱼造福更多的人。"

类似的案例数不胜数。

当一个新事物产生的时候，有人会欣然接受，有人会本能地怀疑，包括专业人士。有些时候，越是所谓的领域专家，可能越固执己见，这中间发生了很多非常有趣的事情。有一次，当用1号鱼做的鱼汤端上来的时候，一位在香港五星级酒店任职的知名大厨看到后怎么也不相信。因为鱼汤盛在碗里就像牛奶一样浓郁、雪白，香味扑鼻。这位名厨断定煮汤的过程中一定加了牛奶。为了验证，这位名厨和公司的大厨两人又联手重新杀了一条鱼，再次煮汤，结果和原来一样，他才信服。1号鱼的高营养密度天然就能达到类似加牛奶一样的效果，但味道远比加了牛奶的普通鱼做的鱼汤好。一位渔业领域的某协会会长，有超过30年的工作经验，也始终不相信，等到他品尝完后才心服口服。但也有些人听说1号鱼后拒绝品尝，并且断定这绝不可能。

质疑和诋毁一方面源于人们认知的滞后性，另一方面与认知背后的利益纠葛有关。

我的花名是"海豚"，但公司内部的"渔民"很少这样称呼我，而是称呼我为"马老师"。当我在深圳的一些重要场合演讲或者进行项目说明的时候，总有一些重量级人物钻出来对我说："老马，别吹牛。"

我从来不会生气，也不需要生气，只需要邀请他们在合适的时候来品尝一次，一切就都变了。许多深圳知名人士、政商界名流都对我说过这样的话，我总是回应："请到公司品尝一次，只要一次。"至今，"海豚"还没有输过。

这些品尝者中有许多是各领域的顶级人物，包括高档餐厅老板，也包括给领导人做过饭的国际级名厨，也有吃遍全世界的顶级美食博主，还有一些美食爱好者，等等。在这里，我也想对所有读者说：请相信一个理想主义者的承诺。欢迎您的到来，您将吃到世界上好吃的（草）鱼（之所以还加个草字，是为了避免同行的诋毁，之所以敢不加草字，是因为所有体验过的人都会由衷地赞赏）！

聪明鱼礼品

第四节

鱼本来就是按条的

供给侧结构性改革的核心在于从生产端创造出新的需求，而不是陷入存量市场的低效竞争，这是聪明鱼公司的核心理念。

如何为新生的鱼定价？

按照营销学的观点，价格由供需关系主导，同时受商品价值影响。实际上如何定价也体现了公司的战略和使命，聪明鱼公司从来不将自己定位为养殖业，更不谋求在原有的市场分一杯羹，而是牢记并着力实现自己的企业使命——让农民没有荒地。

当我们还是小朋友的时候，语文老师会教我们量词，即衡量物质或物体的单位。通常我们会说一只鸡、一条狗、一条鱼、一头牛等，但在商品市场，人们却习惯用"一斤多少钱"，或者"一公斤多少钱"来计价。如果按照量词来计价，很多人会觉得吃亏，毕竟一头大牛和一头小牛的价格怎么会一样呢？人类的负向思维往往过度关注风险，导致价值判断失衡。

基于所谓公平的思维，我们习惯于把生物分割成块，于是一条鱼不再是一条鱼，而是一斤鱼肉。一头牛也不再是一头牛，而是多少千克的牛排。这种计量方式可能导致对生命价值的忽视，一开始就让我们陷入了工业化后快餐文化的窠臼。

当然，换个角度说，生态化条件下的标准化一直没有完成，自然没有顾客愿意为大小不一的商品按量词付钱。

每个智能渔方下水的时候，都会投放 300 条平均 500 克的草鱼苗，一年后可以收获 300 条以上平均重量为 2000 克的鱼。不仅鱼死亡率降为 0，有些时候鱼还会越养越多。由于智能渔方生态化的方式改变了养殖环境，再加上智能渔方的网眼是 4 寸大小的，渔方里有丰富的食物，还有高氧环境。许多渔方以外的鱼也会游进来，所以小鱼可以钻进来，但长大了就出不去了。

一般情况下，生态化和标准化是一对矛盾体。实现了生态化，就很难标准化。比如我们种的辣椒，按照自然规律生长，一定会大小不一、颜色不一、形态不一，黄瓜、茄子也一样。只有那些通过大棚和工业化手段种植的黄瓜、茄子才会长得一模一样。如果能够在生态化条件下，让所有的产品实现基本的标准化，那么人类对食物的计量方式就会以量词为准。这不仅是为了便利性，还包含了"完全食物"的概念（注释 6：完全食物指的是食物的完整性与功能的互补性。举例来说，我们通常吃梨的时候会削皮，但实际上梨的皮和果肉是完整的食物。梨肉一般是白色的，对肺比较好，但是对肠胃不好；而恰巧梨皮是黄色的，可以调和肠胃。大自然的所有食物都是按照这样一种互补的性质形成完全食物的）。

透过智能渔方，我们实现了生态化条件下的标准化，不仅生产过程标准化，产品输出也标准化（投放一斤的鱼苗，一年后出产的产品平均重量为 4 斤，每条鱼的重量相近）。这让聪明鱼 1 号鱼产品用量词定价成为可能。

在聪明鱼公司，这条在世界上都可以称得上好吃的鱼是按条定价的，而不是按斤（500 克）计算的（只不过为了便于消费者理解，我们告知大家每条鱼的平均重量为 2000 克）。目前的价格为 168 元 / 条，这个价格只针对 B 端客户，C 端不销售，并且价格会随着市场发展而调整。如果按照这个价格计算，9 平方米的水面加上 730 平方米的荒地，一年能够产生 50400 元的收益，这说明环境资本是可以衡量的指标。

每投放一个智能渔方，就意味着解决了 1.1 亩的荒地问题。

按照劳动强度计算，一个成年劳动力大致可以管理 100～200 个智能渔方。

维护200~300个智能渔方的产量，加上种草、割草、运输等工作，通常4个人就可以完成，而通过投入割草机器人、车辆等劳动工具，效率还可以更高。

农村劳动力的价值提升了，这个提升是以时间效能提升为基准的。同样的工作，效能不同，产出自然不同。传统农业从来没有产生过如此高的收益，环境的价值得以体现。这样的收益，大量离开农村的人都表示愿意回去，因为在家乡就可以创造美好的生活。

聪明鱼"中华银琬"被捞出水

水利万物而不争，好的商业一定会使尽可能多的人受益。

从土地角度来说，开垦荒地不仅使土地得到利用、产生价值，还可以改良土壤、改善环境，这是有百益而无一害的。

聪明鱼公司参加龙川县第一届鱼生节

从农民的角度来看，他们可以赚两份钱且不需要背井离乡，这个收入水平足够解决很多问题。以这两年的实践为例，在河源有 15 位农民在聪明鱼公司工作，每月可以保证有 5000 元的收入。这无疑是极具吸引力的。

在生产方面，利用环境本身及自然规律，用最低的成本实现了最大的价值输出，实现了双零经济循环。这一模式既适用于鱼类，也适用于其他农产品，具备广泛的意义。

对消费者而言，大家得到了一条世界上好吃的鱼，而价格却相对便宜，尤其是供应链上游。聪明鱼公司并不直接面向个人消费者，而是采用 B2B 模式，这对于餐饮行业来说非常有利。

所有人都受益了，这不就是人类想要的吗？

哪里有需求哪里就有市场。就市场定位而言，这条鱼主要面向高端市场，

聪明鱼公司"中华银琬"充氧包装

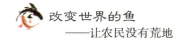
即前 5%～10% 的人群。有人将这条新生的鱼和三文鱼、蓝鳍金枪鱼、马来西亚皇帝鱼等进行了对比，认为它价格实惠，绝对物超所值。相信随着生产规模的进一步扩大，这条鱼必将惠及更多消费者。

经过 17 年的实践，基本形成商业逻辑闭环。事实证明，环境资本论具有巨大的理论与实践价值。

第四章 重构生产关系

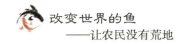

第一节

需求端拉动

仅深圳就有 20 万家餐饮单位。

餐饮行业存在一个"不可能三角"的困境，即食物好吃、价格便宜、餐厅赚钱三者兼得，这三条就像永远无法合拢的三角形的三条边。食物好吃，价格就不便宜；价格便宜，餐厅就别想赚钱。整个行业陷入恶性竞争，各种奇怪的、突破底线的招数和方法层出不穷，最终的结果是大家都累，行业也难以健康发展。

餐厅员工无论是后厨还是前台都很疲惫。众口难调，得罪顾客是常态。而用工成本越来越高，管理难度也越来越大。

餐厅老板累，资金周转常常捉襟见肘。虽然现金流看似不错，但利润低，一不小心就要亏损。

消费者也累，今天吃完明天可能就找不到店家了。因此，对于充值、会员卡，消费者都格外谨慎，因为不知道明天老板会不会跑路。

因此，有一段时间预制菜大行其道，备受资本追捧，因为它被视为餐饮领域的"刚需"，可以大幅降低成本。2024 年，中国预制菜产业规模达 6000 亿元，预计到 2026 年市场规模将突破万亿元。常温料理包的保质期通常不少于 12 个月，这是一把双刃剑。随着预制菜的流行，其口味往往难以满足消费者，导致消费者忠诚度越来越低，很多中高端餐厅也面临同样的问题。

疫情之后消费降级明显，但人群中前 5%～10% 的群体，消费不仅没有降级，反而在升级。许多高端餐厅、私人会所已经开始在全球范围内为客户寻找好食材。例如，前文提到的张女士经营的主题餐厅 B&B 就专门开展了定期的"为您寻找好食材"活动。

聪明鱼参加河源市龙川县鱼生节

日本核污水排海事件，对以海鲜为主要经营食材的高档餐厅造成了明显的冲击。每次相关新闻发布，这些餐厅的业绩就会下降。与此同时，长江流域十年禁渔导致野生江鲜供应锐减，客观上也影响了高档鱼类的供给。这些对于聪明鱼公司来说，是一个机会。

如何服务好终端客户？协助所有终端客户解决他们的困扰，是完善供应链的内在要求。

鲌刺鱼，学名翘嘴鲌，俗称噘嘴链子，也叫噘嘴子浮鲢、大白鱼、翘嘴巴、翘壳、白丝、兴凯大白鱼、翘鲌子、翘白、白鱼等。不同地域还有不同的称呼，北方大多称之为噘嘴链子，广东地区称之为长江和顺，长江中游地区习惯称之为翘白、白鱼，长江下游地区习惯称之为太湖白鱼。它是花名最多的鱼种之一。

聪明鱼全鱼宴春节套餐

聪明鱼公司的"鲌刺鱼"（谢大厨）是原东莞市一所烹饪学校的校长。他是厨师行业中学历最高的，同时也是高学历者中厨艺水平最好的。他开发菜品的数量和鲌刺鱼的花名数量不相上下。对于供应链的终端，"鲌刺鱼"确实深刻地领会了"银鱼"的苦心。在最短的时间内，他针对这条世界上最好吃的鱼开发出了一系列的菜品，并且无条件地提供给各类餐厅使用。

"鲌刺鱼"耐心细致，乐于分享，与所有合作单位紧密协作，甚至主动上门服务，目的只有一个：用好的技术体现出好食材的美妙。他开发的全鱼宴，一鱼可以做七到八种吃法，每一样都让人叹为观止，赢得了业内顶级高手的一致好评。这些开发出的鱼宴，不仅体现出这条鱼的美味，更重要的是通过烹饪工艺把鱼的价值发挥到最大，帮助餐厅在现有条件不变的情况下彻底解决"不可能三角"。

餐饮行业属于劳动密集型产业，从业人员的素养差异较大。为此公司确定了赋能式开发策略，充分帮助每家合作餐厅提升品质与档次，尤其是协助他们完成数字化改革。这是供应链公司面临的巨大的挑战，也是巨大的商业机会。作为新兴供应链，聪明鱼公司不仅给餐厅提供好食材，还给餐厅提供品牌策略、市场辅导、防伪系统和几十种全鱼宴菜品制作方案，并积极和银行等金融机构取得联系，帮助餐饮单位实现"口感更好、消费者少花钱、老板多赚钱"的目标。在"鲌刺鱼"的指导下，一条2000克左右的生态鱼做成的全鱼宴，可以供5～7人食用，产生840~1176元的营业额，单条鱼可产生168元/人的收益，从投入产出比来说，相当于5～7倍的毛利。扣除人工与辅料成本，相较于传统餐饮，单条鱼的经营利润率达55%~60%。同时相比中高端餐饮单位的整体价格，消费者却少花了钱。

"鲌刺鱼"开发的聪明鱼套餐（部分）

第二节

重塑生产关系

　　新质生产力一方面是利用新的技术手段创造需求，另一方面就是要调整生产关系。自工业革命以来，以信息不对称为主导的华尔街金融模式，本质上是一种基于竞争和排他的生产关系，是极少数人占据大多数财富的模式。

　　人类本来就是一个整体，即命运共同体，没有一种绝对的不平衡能够长期持续。而生产关系的调整不仅可以通过社会革命来完成，还可以通过商业来完成。

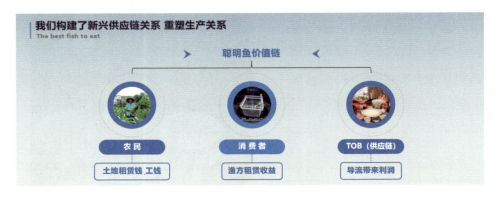

一毫米的宽度，一万米的深度（聪明鱼公司商业底层逻辑）

　　"人民需要什么，五菱就造什么。"

　　这是上汽通用五菱在新冠疫情暴发后作出的承诺。事实上，所有伟大的企业都是在产业链供应链中，通过利他主义构建和谐的共生关系。

目前绝大部分生态化标准下的 AI 技术的应用，还停留在大数据、语言模型等少数领域，另外在一些特殊领域也有少量应用，在农业中的应用并不多，聪明鱼公司算得上是一个先行者。对于养殖所需要的温度、湿度、压力、微生物、含氧量、水流等指标，利用人工智能技术的不断迭代，找到最佳的数据配置，这将使农业发生革命性变化。生态化下的标准化一旦形成，将会全面提升农业的生产效率和发展水平。在生产端，根据最佳效果可以反向推演出所有生产所需要的关键性数据，就像选择水库一样，13 个指标既是标准，也是指导方针。根据这种精准数据库，可以把所有的环境数据转化为资产包，这是智慧农业、精准农业、大数据农业的核心内涵。

"银鱼"及聪明鱼公司的实践，已经构建了在生产端尤其是水产养殖领域应用人工智能和精准数据进行农业变革的数字化模型。在水源的选择、水体的改良、土壤的优化、可控的生长条件等方面，这些由生产实践产生的数据构成了数据资产，成为生产的新要素，同时成为数字经济的驱动力。

2024 年 6 月 10 日，聪明鱼供应链公司正式获得人民数据的"三证"：数据资源持有权证书、数据加工使用权证书、数据产品经营权证书。这得益于以"银鱼"为核心的聪明鱼公司的全球视野以及对商业的前瞻性洞察。中国水产科学研究院珠江水产研究所是水产研究方面的权威机构，聪明鱼公司已与其就产学研基地建设达成初步合作。这必将更大规模、更大范围地促进数据要素在水产养殖领域中的应用。

生产端最重要的转变还在于农民。

从社会阶层来分析，农民往往具有一定的局限性，容易短视和急功近利。要想彻底解决这一问题，依托科学技术手段大力发展农村生产力是必要的，但改变农民的社会属性，从生产关系上调整可能是一条更加有效的路径。

农民不离开家门，围绕着自己的生产资料（土地），通过将生产结果与责任剥离，使其不再对生产的结果负责，只对生产过程负责。这时候，一些意想不到的变化就会出现。一是农民绝不会想让产品看起来好看、产量更高，

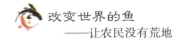

或者有了虫子等问题后而主动掏钱去使用农药、化肥等，因为这与其利益无关。二是有的人会磨洋工、混日子，这是角色转变带来的另一个问题。

在两害相权取其轻的权衡下，磨洋工是系统的最优解，因为两种选择对系统的影响有本质区别。产品问题是价值问题、系统问题，而磨洋工是管理问题，处理方式完全不同。

湖南分公司"福寿鱼"在澧县基地摘豆角

现在还留在农村的劳动力，大部分是 50 岁左右的中老年人，这是目前乡村振兴面临的又一个重大挑战。如何让离开土地的人回归土地其实是个更加棘手的问题，就算把农二代、农三代拉回农村，他们也不愿意种地，更不会种地。但这种情况不是绝对的，如果种地既不需要他们对结果负责，又能通过手机操控人工智能设备等现代化工具完成所有的工作，也许会发生重大的变化。

这就是人工智能技术带来的便利性。

"草鱼"已经开始测试割草机器人了。"草鱼"是一位"渔民"，不是要被吃掉的那条鱼（"渔民"倒是经常跟他开玩笑：今晚吃什么？吃你啊！）。"草鱼"姓温，这位温工程师实际上是第二次被请回公司了。就像他的名字一样，这位"渔民"似乎是天生就擅长养殖草鱼，只要他在，玉米草就会长得郁郁葱葱。在他的指导下，一亩地在最艰难的条件下都可以保证 10 吨的饲草产量，为鱼类养殖提供基础保障。由他来试验割草机器人真是太合适不过了。

在连平县草地使用改装的机械割草

使用机器人可以降低劳动强度、提高工作效率，并且具有一定的趣味性，这是"银鱼"在参观完金伯利农场后制订的计划。依托南京某航天系高校，参考国外已有的机器人模型并进行小型化改良的割草机器人，很快在各个基地开始了实际的应用试验，大规模投入使用只是时间问题。

在美国，真正的富豪不是华尔街那些衣冠楚楚的精英，而是乡野间低调的农民。中国的社会结构和资源难以支撑大农场模式，因此规模化难以实现。由于土地、人员分散，我们更适合小规模、灵活、低成本且可以积少成多的集约化模式。这种依托平台、既分散又集中的方式可以最大限度地将各种资源进行有效整合，从而探索出适合我们的独特农业创新路径。

除了割草机器人，还有与整个系统匹配的系列机器人，包括巡检机器人、抓鱼机器人、杀鱼机器人、鱼生机器人、钓鱼机器人等。事实上，开发这些

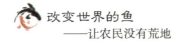
机器人的技术难度并不大，关键在于应用场景。这不仅会带来产业的巨大变革，还将重塑未来的新农人格局，是所有人都乐意看到的未来。

香车基地"渔民"日常巡检

聪明鱼公司开发的机器人，每一个都可能发展为一个产业。比如钓鱼机器人，以前人们钓鱼都要带着鱼竿到河边或者海里，以后钓鱼方式将发生根本性变化，只要打开手机就能钓鱼。手机就如同鱼竿，可以利用 5G 通信技术远程启动钓鱼机器人，然后遥控钓鱼机器人进行作业。钓鱼机器人前端带有超声波雷达，可以自主扫描 20 立方米范围内的水体。人们可以在手机上清晰看到水里鱼的数量、种类和大小。如果想钓鲤鱼，点击屏幕上的相关选项，钓鱼机器人就会自动下钓鲤鱼的钓钩并装上鲤鱼的鱼饵；如果想钓鲢鱼，同样只需在屏幕上点击相关选项，钓鱼机器人就会自动下钓鲢鱼的钓钩并装上鲢鱼的鱼饵。这件事情对人来说也许很容易，但对机器来说肯定挑战巨大。但这些都不再是梦想，而是已经被开发出来并通过测试的样品。只不过因为目前数据量比较小，还放在仓库里作为一种战略储备。更有趣的是这个钓鱼机器人可以组成群组，满足多人同时在线，举行钓鱼比赛。

香车基地"渔民"在投草喂鱼

有了机器人，年轻人会乐意回归乡村。

人一旦回来，许多问题就会迎刃而解，比如困扰政府的留守妇女、留守儿童、留守老人问题都将得到解决。在河源市，人均收入5000元/月，其生活水平可比肩深圳月薪1万元的白领。

在康禾1号农场种菜苗

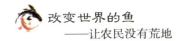

第三节

生产、流通、消费与流转速度

消费者既是庞大的市场力量，也是企业核心的社会资源。

有一本书提出了"消费资本论"。根据其观点，消费者每消费一次即对产品生产单位的一次投资，而消费者理应在这次投资中获得相应的利益。

消费资本论具有一定的合理性。它不仅有助于促进消费、充分调动消费者积极性、提振市场活力，还能帮助企业家充分利用社会资本。从全球范围看，这种理论也并非中国原创，在发达国家早已有所应用。

2005 年，某知名科技公司的现金流天数为负 67 天。对于不熟悉财务、金融等工作的人来说，这个数据可能并不直观，但如果是从事财务、金融等工作的人，一定会被这个数据震惊。

作为顾问，我调研过许多公司的现金流天数，发现部分数据异常。比如深圳南山区某家以门面艺术为核心业务的知名科技公司，其客户大部分为 2B，或者 2G（注释 7：2C、2B、2G 都是市场营销的简化用语，2 指的是英文的 To，表示指向；C 指的是 Customer，一般指个人消费者；B 指的是 Business，表示商业机构；G 指的是 Government，表示政府组织），其现金流天数为 300 天～400 天，而作为深圳某大型车企一级供应商的另外一家企业，现金流天数最少也需要 180 天。

这家科技公司的现金流为负 67 天，意味着什么？这意味着其根本就没有用自己的资金，而是全部使用了外部资金开展业务。其在前端提前收客户的钱，而在后端延迟支付供应商的钱，这个时间差有 67 天。更令人震惊的是，这家科技公司当年除了负 67 天的现金流，其百亿美元的资产一年周转了 30 余次，资金运作能力之强，令人叹服。

多数世界 500 强企业，其底层逻辑都差不多。

消费资本论本质上基于对现金流的负天数管理。

这种理论如果运用得当，可以极大地促进企业发展，优化客户关系管理。但如果放在居心叵测的人手中，则容易涉嫌非法集资。

聪明鱼公司部分借鉴以上这家科技公司的模式，采取生产成本前置、收益后置的策略。具体说，如果消费者觉得聪明鱼公司的鱼非常好吃，并愿意参与到这项事业中来，就可以用租赁的方式来完成生产成本的前置。智能渔方的一个使用周期为三年，消费者租赁一个智能渔方的租金是 2 万元。三年期满后，消费者可以获得由聪明鱼公司提供的 2400 斤生态鱼，也可以在公司的帮助下对鱼进行销售，从而获得收益。

按智能渔方一个使用周期计算，三年内单个智能渔方就可以创造 15 万元以上的收益。加上消费者的租赁费用，一个智能渔方三年能够产生的所有收益超过 17 万元。如果考虑通货膨胀和货币折算价值，三年的总体收益接近 20 万元。扣除给消费者租赁回馈的 4 万元及其他包括管理费在内的必要的费用后，三年的平均总收益在 12 万～13 万元。折合到一个财政年度，单个智能渔方的收益在 3 万～4 万元。这种高收益率不仅保障了整个新型供应链系统的可持续增长，还可以让所有的相关利益方都受益。

消费者参与渔方项目，签署租赁合同

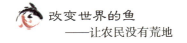
　　整体看从生产、流通到消费的完整链条，聪明鱼公司的模式更像是一套财富再分配机制。

　　借助人工智能、大数据、精准农业、智慧农业等技术手段，聪明鱼公司在生产端生产出世界上好吃的鱼，然后在消费端通过让利或者帮助餐饮公司获利，从而吸引处于社会前 10%～20% 的人群，让他们心甘情愿地消费。这样就通过完全利他且快乐的行为实现了资金回流。由此产生的收益就通过聪明鱼公司搭建的新型供应链流转回生产端，无论是农民、工人，还是参与租赁的消费者都得到了合理的收益。企业有盈利，政府有税收，同时还解决了一系列社会问题。

　　生产、流通、消费，到再生产、再流通、再消费，围绕着这条鱼的链条流转速度越快，创造的社会财富就越多，带动的产业规模就越大，同时能够解决的就业等社会问题就越深入。这必将极大地促进社会资源的利用，助力乡村振兴。

第四节

分配问题——水利万物

　　人工智能时代来临，世界财富必将重新分配。

　　随着算力的极大提升，组织决策的复杂性逐渐被克服，但关键问题转变为背后的算法系统能否在哲学层面上真正认识这个世界。

　　生产力决定生产关系的时代正在逐渐转变。

　　生产关系对生产力的反作用日益凸显。

　　未来，生产关系将成为组织成长的关键因素，而人力资本与技术资本（如算力）的协同效应才是投资收益的真正保障。

　　这是我去年在写一份基金白皮书时提出的观点。后来，这一观点在另一位"渔民"合伙人那里得到验证。当年，这位合伙人在英国读博士时，他的导师也曾经断言，下一轮的经济变革必然发生在生产力与生产关系的调整中。正是基于这个观点，我们迅速成为挚友。最后他加入聪明鱼公司，成为聪明鱼低空飞行公司 CEO，他就是"黑吻真鲨"，也是集团公司的 CRO（首席风控官）。

　　无论是投资家还是企业家，在动荡的年代中能保持从容都极其困难。原因很简单：在历史的大潮中，个人命运、小型组织甚至国家命运都不过是茫茫大海中的一叶孤舟。

　　如果说 1997 年的亚洲金融危机曾让一部分人瞬间从天堂坠入地狱，那么 2008 年的金融危机不过是大转变来临前的一次预演罢了。即使不是专业人

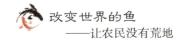
士也很清楚，在后疫情时代，历史已经走到了十字路口。

不管时代如何变化，获取更多的利润、保证财富的增长始终是所有投资者的终极目标。在漫长的历史长河中，如何保证财富不缩水，始终是人类智力的终极考验。

如果我们具备从未来视角看待当下的能力，那么凭借这种能力，我们便有可能在历史进程中占据优势地位，而这种站在未来看现在的能力，其根源在于认知差异。高位认知对于低位认知不仅是降维打击，更是在看似不确定性的环境中找到绝对确定性的关键所在。

就商业的本质而言，每一个投资人和企业家都非常清楚：即使在最好的时代，也有人亏损，也有企业倒闭；而即使在最坏的年景，依然有人赚得盆满钵满。危机中往往蕴藏着机遇，面对这个哲学命题，作为投资人，挑战的不仅是智商，还有人性。

这个世界真的有底层逻辑吗？

答案是肯定的。

爱因斯坦说："上帝不会掷骰子。"

我们坚信，在每一个看似繁杂的现象背后，一定有客观的规律，这个哲学命题激励着无数人为之呕心沥血。

生产力的发展以技术为驱动力。

社会的发展则以财富分配为驱动力。

聪明鱼公司要做的永远是企业家做的事情，致力于从价值链的视角创造更大的价值，从而惠及所有相关方。这既是中国企业家对于商业的不同认知，也是华夏文明对于商业的底层认知。

从商业角度看，利益观念存在不同的层级与认知。

连平县基地"渔民"日常巡检

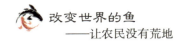

最低层级的商业是损人不利己，在当前内卷的市场下，这是较为普遍的情况。

稍好一点的是损人利己，在我们小时候就已经学习过这是个贬义词，但在市场经济条件下很多人视之为理所当然。不过，至少对一方有利。

再好一些的是先利己再利他，能做到这个水平的企业已经很不错了。那些天天把什么社会责任、照顾消费者等挂在嘴边的企业，如果能做到这一点，也算言行一致。

更好些的是利他与利己并重，这样的企业往往有大格局，这样的企业家往往能创造奇迹。

当然还有更高级别的认知，就是以天下兴亡为己任，利他而忘我。这样的企业是中国社会的脊梁，这样的企业家是民族的中流砥柱。

"银鱼"很显然是属于第四、第五个层级的。仅从财富角度看，他在30多岁时就已经实现财务自由，但生活中的"银鱼"在生活方式等方面与普通农民很相似。这使得很多高管在公司运营初期都认为老板在吹牛，怀疑老板的过往经历。聪明鱼公司有一个特殊的规定，就是允许员工"三进三出"。通俗地说，就是员工有三次主动提出离职后又回来的机会，每使用一次就减少一次，如果三次机会用完还没有找到合适位置，公司终生不再录用。

"银鱼"一直对公司的法律顾问张律师说，他的最大任务就是要把自己在公司的股份以最快的速度稀释到1%以下。

"银鱼"的名字还有特殊的含义。作为太湖三白之一，银鱼的生存往往象征着环境优美。无论人类多么伟大，永远是自然之子。我们要做的永远是尊重自然、学习自然、保护自然，最终与自然和谐共生。

连平县基地初期建设中，工人在小憩

　　有时候我会在项目演讲中开玩笑说："通过这种商业变革，连这条鱼都应该感谢我们。"就像今天很多鸡和奶牛因人类的养殖需求而透支生命一样，人类的贪婪行为客观上缩短了它们的寿命。奶牛的正常寿命在 20 年左右，但为了满足人类的需求，部分奶牛被迫服用大量的激素，不停地怀孕和产奶，一头在工厂养殖的奶牛通常只能活 5 年左右。因此，人类食用的奶制品，实际上是以牺牲奶牛的寿命为代价的。鸡的养殖周期则更短，从被孵化到出栏上市，整个过程最短可以缩减到 14 天。

　　长期食用某些速成食品，其中的添加剂等成分可能对人体健康产生潜在影响，人类最终会为自己的愚蠢和贪婪付出代价。

渔方基地水天倒影

新质生产力要求人们用新的思维，即人与自然和谐的思想来重塑商业。虽然聪明鱼公司的鱼最终也会被端上餐桌吃掉，但对鱼来说，它在短暂的一生中吃了最好的草，有最干净的生长环境以及最佳的去处。生得安乐，死得其所，一条鱼可以改变世界。

第五章

小就是大：1+N 模式

第一节

从下往上

一般而言，企业有三类客户。第一类客户是企业的服务对象，即购买企业产品或服务的人群，这一类客户大家都很熟悉。第二类客户一般指的是投资机构，它们投资或购买的是这家企业的未来。第三类客户则是承担社会责任的对象，涵盖政府以及其他相关利益方。

企业家要做的事情是遵循商业规则，通过创新和可持续的商业模式，在追求企业发展的同时，积极应对社会问题，避免给政府添麻烦。许多涉农企业一开始就走上了歧途，在商业闭环没有走通的情况下，就把工作重点放在了如何获取政府的补贴上。这也是很多乡村振兴项目失败的重要原因之一。

聪明鱼公司绝不会这么做。

有些时候，"渔民"甚至会觉得"银鱼"太保守。一些地方政府的招商机构经常会来深圳开展招商活动，许以各种优惠条件，也有一些明显的捎客告诉"银鱼"到底该怎样获取各类补贴。大部分情况下，"银鱼"都会客客气气地将他们送出门。有些合作伙伴对企业使命以及战略的理解不是很到位，很容易陷入传统思维的从上往下的资源池陷阱。

从上往下和从下往上是两种完全不同的思路。

许多合作伙伴受传统思维的影响，动不动就以认识某某领导为荣，甚至真的花费大力气去经营领导关系。这种从上往下的所谓"捷径"，确实会误导很多人，包括一些公司高管。

　　但"银鱼"要求他们一定不要这样做，而是要脚踏实地地从下往上做。所谓从下往上做，指的是紧紧围绕"让农民没有荒地"的使命，切实解决荒地问题、农民就业问题，以及生产出好鱼的问题。"银鱼"告诉大家，把这些看起来很小的事情做好了，政府一定会看得到，等到政府找过来的时候，形势就完全不一样了。

　　"小就是大。"这是"银鱼"经常叮嘱所有"渔民"的一句口头禅。

　　他时刻提醒所有"渔民"牢记企业的使命。

聪明鱼公司在社区开展回馈活动

　　"乡村振兴是国家的大政方针，至少是未来 20 年的商业风口。作为企业，理想要大，落地要小。能够把一件事情做好、做透、做到极致，就可以带动整个社会的巨大发展和变化。"

　　宝安西乡桃源居是目前深圳最大的社区之一，也是聪明鱼公司总部所在地。这个社区有超过 1 万户居民，仅小汽车就有 1 万多辆，加上流动人口，总人数超过 10 万人，规模比肩国内很多小镇。

　　"飞鱼"是公司的合伙人，主要负责社区服务。"有客户反馈我们的鱼有点贵，但还是能接受的。我问她为什么，她说儿媳妇怀孕了，要吃好的。"

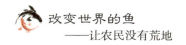
早会上，这段话让所有"渔民"会心一笑。

"我们能把这个社区的居民服务好，公司就可以上市。"

"并不是市场对生态鱼没有需求，而是根本没有足够供给。前段时间，某单位计划采购 3 万斤生态鱼，但找遍了全省，只找到了 8000 斤，还是饲料和草混养的。另外，根据一些消息，我们国家的体育健儿，为了补充优质蛋白，不得不满世界寻找无污染的食物。至于老百姓的需求则更加旺盛，不是大家不知道，而是找不到可靠的供给方。"

这些是"银鱼"反复告诉各位"渔民"的话。

围绕这条鱼，把使命贯穿到底。

龙川县是河源市的县域之一，为南越古国所在地，现有人口 98 万。2023 年 11 月，龙川县举办了首届鱼生节。在这次盛会上，聪明鱼公司的加入及其提供的超高品质的鱼，使这次鱼生节大放异彩。一条鱼带动乃至撬动一方经济的效果初步显现。

事实上，聪明鱼公司所有的战略举措都是围绕县域经济展开的。

2024 年 4 月 2 日，聪明鱼数字资产公司成立。

2024 年 6 月 6 日，聪明鱼房车管理公司成立。

2024 年 8 月 1 日，聪明鱼低空飞行公司成立。

这些公司的成立是战略性而非战术性的，都是紧紧围绕着如何把"让农民没有荒地"这个使命真正贯彻到底的。到本书出版时，聪明鱼公司围绕珠三角地区分布于三江流域的 60 个县，已成立聪明鱼分公司超过 24 家。

第二节

深耕主线

聪明鱼公司的核心业务是以智能设备为载体，最终以高质量的鱼为锚定物，彻底解决荒地问题。凭借目前的发展速度、技术水平和管理水平，紧紧围绕三江战略（注释 8：三江在这里指的是东江、北江与西江），至少可以投放 100 万个智能渔方。在未来的 2～3 年，这可以带动上百万亩荒地复垦，提供上万个就业岗位。

河源市东源县康禾镇八角楼

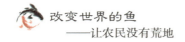
为此，在治理结构设计上，聪明鱼公司采用了最接地气、最能解决问题的以县域经济为主题的"军团作战"方法。通俗地说，就是以县域为单位成立聪明鱼县域公司，这些县域公司在治理结构上一开始并不是聪明鱼集团公司的分公司，在法律上与总公司没有关系，但是在业务上接受总公司的指导，在商誉方面接受总公司的授权与监督。在双方的合作协议中约定，未来总公司可以以51%的股权占比并购这些县域公司，当然，这取决于双方的意愿以及各个公司的治理质量。这实际上也是暗中给各县域公司压力，让大家在发展过程中要有坚定的目标，但不能为了目的不择手段。

由于身处县域，这些地方上的聪明鱼公司在当地均有一定的资源和经济基础，是真的想为家乡做点事情。这些人在自己的一亩三分地上是颇具能量的。这些合作伙伴在做市场、处理人际关系、整合资源方面有优势，但在研发、顶层设计、战略布局等方面有短板。

总公司、渠道、合作伙伴、客户必须是利益共同体。

　　对总公司而言，其职责是为各地分公司提供更多的支持和便利，助力其开发更多荒地、投入更多智能化设备，同时解决更多人的就业问题。当然，总公司自己也要赚到钱。

连平县小九寨基地"渔民"的工作日常

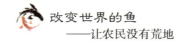
聪明鱼连平县小九寨基地是这一模式的典型代表。

当我和"银鱼"第一次到达这个基地的时候,基地还没有开发,山村保持着原始、朴素的风貌,除了一个守护祠堂的老人,基本上看不到其他人。水库边上,一户居民建造的几栋本打算用作民宿的房子孤零零地伫立在水边。水面平静,周围的山倒映其上,宛如一幅画卷。当时正好是一阵小雨过后,水面烟雾缭绕,第一眼看去仿佛九寨沟入口处的美景,这也是此地"小九寨"之称的由来。

"金龙鱼""鳝鱼""龙利鱼"是基地的创始人。"鳝鱼"李总是海南人,胖乎乎的,非常热情豪爽。"鳝鱼"和"龙利鱼"是多年的搭档,他们本来有机会成为千亿级富豪——当年差点投资比亚迪,但因各种原因错过了。所以对今天的"鳝鱼"来说,他有一句名言:"宁愿投错,不能错过。""金龙鱼"何总毕业于重庆邮电大学,本来在佛山从事家具制造业,后来改行加入聪明鱼公司。

分公司成立之初,"银鱼"便与他们开会讨论,强调目标一定要聚焦,并探讨如何才能调动当地资源,快速开展业务。但实际上,说是一回事,真正理解并执行又是一回事。

基地建设之初,几位创始人为了增加公司业绩,不仅经营公司的主要业务,还把民宿、农旅项目纳入公司的主营业务范围。为此,连平公司累计投资数百万元修建了游泳池等设施,搭建了室外露营平台等,还在各种渠道上投放资源,吸引人流,但最终这些投资都变成了摆设。公司不仅没有实现预期目标,还耗费了大量资源和时间。

最后在"银鱼"的反复劝说与指导下,他们经历一番周折再次回到原点。事实证明一旦方向正确且聚焦,效果立即显现。现在的连平公司已成为聪明鱼各地分公司体系的标杆,同时把业务拓展到了湖南、四川、重庆等地。现在,几位合伙人的态度已变成:听得懂的要执行,听不懂的先执行,慢慢懂,跟着"银鱼"走肯定不会错。

以县域为单位，紧盯目标，以"让农民没有荒地"为使命，调动各种资源，从小事做起，从下往上做起。这并不是什么高深的理论，而是基于对中国乡土文化以及县域经济的深刻认知。

县域是典型的熟人社会，在这种环境下，许多事情和我们在大都市想的完全不同。比如，新事物、新动向，甚至花边新闻等，基本上在县城里不出一周就家喻户晓。这种以关系为纽带的文化结构，深深地影响着人们的性格。举例说明，我们第一次到龙川县时，当地伙伴十分热情地招待了我们，本来预计7～8人的会谈和聚餐，结果变成了21人。每个人都以认识当地的重要人物为荣，有的甚至事先不告知就直接把人带到现场，于是聚会人数越来越多，在觥筹交错之间似乎皆大欢喜，实际上什么事也谈不成，什么事也做不成。而另一边，"银鱼"又一次不动声色地把招待费结清了，当地伙伴嘴上大喊"不行"，但实际上如果这个费用"银鱼"不付，以后做什么事情估计都不会顺利，这就是乡土文化。

这就是为什么"银鱼"一直坚持做小事的原因。

一个智能渔方的下水所引起的涟漪，能迅速扩散到全县，这比任何人际交往都要强。在县域大地上，有先行、先试思维的人永远是少数，这就是九字方针的由来，"带头干，做给看，让他赚"。

第三节

合作伙伴

一家公司要想快速成长，必须学会合作。

任何一家公司的合作伙伴体系都是庞大的产业链条，聪明鱼公司的合作伙伴可能要更多些。

在生产端，有村民、地方政府、区域代理商，还有设备制造商、系统集成商、软件服务商等。

在流通端，有租赁渔方的客户以及物流公司。

在消费端，有餐厅、会所、行业协会等各类客户。

在公司层面上，有券商、律所、知识产权服务公司、咨询服务商以及银行、保险公司等。

与此同时，还有媒体机构等。

显然，伙伴关系的处理千头万绪，但是不管怎样，这是必须处理好的。

"银鱼"有点念旧，这不是说他喜欢回头看，而是基于沟通成本与效率的考虑，一旦选择了合作伙伴，基本上不会再考虑更换。这是"银鱼"长期从事外贸，尤其是与美国人打交道30余年形成的习惯。

以下是"银鱼"与一些重要合作伙伴的合作时间：

律所，37年；

知识产权服务公司，20年；

会计师事务所，20年；

营销咨询顾问，13 年；

生产端供应链，20 年以上。

在选择上市辅导券商的时候，"银鱼"跟券商说得最多的一句话是"今天选择 1 次，就是选择 17 次"。他要表达的意思是未来集团发展的 17 个板块意味着至少有 17 家公司要上市，这 17 家公司的上市辅导都会指定和这家券商合作。

稳定的伙伴关系是企业成长的重要土壤，但选择合作伙伴是一项非常有挑战性的工作。一方面，时代变化太快；另一方面，人心浮躁。对于聪明鱼公司和"银鱼"而言，真正能够成为合作伙伴的有以下基本条件。

1. 专业能力过关且与时俱进。只有与时俱进，才能共同成长。

2. 前置条件一致，这里面包括价值观、底层认知、信用基础。

3. 具有利他精神以及长线思维。

这些条件看似简单，有时候遇到好的合作伙伴往往需要一点运气。伟大的企业不仅要有睿智的带头人，必然还要有不一样的团队，同时必然要有一群非同凡响的合作伙伴。

项目早期，公司高管挽起裤腿做农民

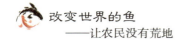
最让"银鱼"挂念的其实还是县域的合作伙伴。

这些公司的创始人起点较低，有时候认知也不够，最致命的是这些人容易受到外界干扰，会"跑丢"。一些代理商和县域的合作伙伴，早已经算得上是"三进三出"了，甚至还有些"脚踩三只船"。这种投机心理，无论是对公司的发展，还是对合作伙伴自身，都不是好事情。但现实情况就是这样。为什么乡村振兴难？人才短缺是重要原因之一。改变人的思维是第一难，他们骨子里的短视和急功近利，有时候必须花大力气进行矫正，但效果往往不好。

乡村振兴是大势所趋。明知山有虎，偏向虎山行。事情还是要做，正因为难，才有机会。

第四节

N 的 n 次方

伟大的理想都需要抓手，有时候只需要一个抓手就可以把所有资源盘活。就像阿基米德的名言："给我一个支点，我将撬动整个地球。"

围绕这个支点，智能渔方项目能盘活乡村振兴的所有资源。

五指毛桃是一种中药材，是桑科植物粗叶榕的根，分布于整个岭南地区，甚至延伸到越南。这种植物在广东地区经常被用来煲汤，因为其具有祛湿健脾的功效。但市面上流通的很多所谓五指毛桃不是真正的五指毛桃，有的是三指的，有的是人工培育的，还有的是用硫磺熏的，根本不能食用。

河源市周边的山上有很多野生五指毛桃。在聪明鱼基地，这些野生的五指毛桃成了"香饽饽"。当地村民世世代代生活在这里，这些五指毛桃都是他们从山上挖出来的，真正做到了"靠山吃山"。这些依靠人工、零零散散的供给虽然难以形成大规模商业，但也有好处——让他们依托聪明鱼公司获得收入，改善经济状况。

聪明鱼公司坚决不参与这项利益分配，也不鼓励他们扩大规模。因为一旦扩大规模，村民们为了赚钱，可能会杀鸡取卵、涸泽而渔。这样不仅会破坏当地的植被，甚至可能导致造假行为。在当地的基础条件尚未达到生态化和标准化时，这种模式就只能以零零散散的方式存在。它既能解决当地村民的就业和经济收入问题，又能满足部分城市居民的需求。等到条件成熟，这些领域就可以按照聪明鱼的底层逻辑实现产业化，并最终造福所有人。

香车基地山上的榛子

围绕支点的所有资源，既可以是"N"，也可以是"1"。

河源市源城区香车生态产业园内有一家聪明鱼农家乐，这家农家乐和其他基地的农家乐一样，虽然都叫聪明鱼，但实际上和聪明鱼公司并没有直接的利益关系。它属于"1+N"模式中的"N"部分。许多聪明鱼公司的县域合作伙伴非常有先见之明，纷纷开设了这样的农家乐。

河源市连平县聪明鱼"小九寨"基地所在地原本是一个非常偏僻的小山村，在聪明鱼公司设立基地之前，村子里的人已经快走光了。但是在聪明鱼基地投入使用后，没过多久，这个地方就变成了一个网红打卡地，甚至很多原来在大城市打工的村里人都回来了。

溪上美术馆是一座坐落在常德市澧县甘溪滩镇的民俗博物馆，距离聪明鱼公司澧县的基地约有 18 公

里路程。只有实地参观，才能感受到这座美术馆的震撼。雷鸣、雷亮两兄弟是美术馆的主人，也是创办人。在湖南公司"福寿鱼"的安排下，我和雷氏父子（雷鸣及其父亲雷老师）以及雷亮的夫人秦香进行了几小时的深入沟通。

以下是网络上对于溪上美术馆的介绍：

溪上美术馆位于湖南省常德市澧县甘溪滩镇，又名"雷家大院"，致力非物质文化遗产的收集、整理、保护、展示、传播及运用，集建筑、园林、文博、民俗艺术于一体，着重展现武陵山脉民间文化及长江流域以南文化脉络，被誉为"民间艺术的大观园"。其馆藏的300多个中国古代精品傩戏面具，与澧阳平原优周岗遗址出土的木雕傩面具遥相呼应，研究价值极高。除此之外，还藏有各种民间绘画、造像、建筑构件、民间陶瓷器以及民俗日用器物，

连平县基地，渔方投放后空中俯瞰图

展现了传统社会下中国人的精神世界以及生活秩序，特别是美术馆对藏品巧妙的陈列方式，令观者无不感到震撼。美术馆内不仅提供展览服务，还提供餐饮、住宿、土特产售卖及举办各类雅集活动等服务。

中国从来不缺文化底蕴，缺的是发掘和传承的人。

实际上，这样的情况在哪里都存在。河源周边也有许多历史悠久的老宅，如苏家围、客家围等。

雷家人经营得很辛苦，一方面是因为身处乡村，仅靠门票、餐饮和土特产的收入难以维持美术馆的运营；另一方面，雷家人也不懂得如何进行包装与推广。河源市的苏家围虽是国家 AAAA 级旅游区，但游人却很少。我曾经自驾到韶关接近赣州的一个马氏村子，久不见人的村头老妇唯一的要求就是让我赶快捐钱。

乡村振兴，仅依靠这些零零散散的努力是不可能的，必须另辟蹊径，而找到一个支点，让人自觉地回归，是一切问题的答案。

为什么一条鱼可以成为支点？

溪上美术馆

聪明鱼公司的使命是让农民没有荒地，而其也希望让消费者吃好、玩好、赚钱。

让消费者吃好、玩好、赚钱，是经济的拉动效应——得消费者得天下。但是把人从城市拉回乡村太难了，必须要有抓手。如果说一条世界上好吃的鱼是抓手，是"1"的话，那么围绕这条鱼的所有与乡村有关的资源就都是"N"。除了在城市里回馈消费者，如何让消费者到乡村来呢？

河源市苏家围外景 1

河源市苏家围外景 2

聪明鱼房车管理公司要实现的目标就是"N"中的重要一环。

聪明鱼智能钓鱼房车香车基地露营烧烤

对于已经成为聪明鱼基地的水库而言，除了水体的应用，还有很多其他的资源可以开发。比如中国的房车市场刚刚兴起，年轻人对房车有着强烈的喜爱之情。然而，房车的使用成本高，停车难，尤其是营地难找，而聪明鱼的每一个基地，都是天然的房车营地。房车在营地主要解决的是加水、加电、卸垃圾以及宿营等问题，这些需求包括水电补给、垃圾处理和安全设施等，聪明鱼的基地已经全部具备。将基地周围略加改造，就可以变成一个个功能齐全的房车营地。房车的到来必然会带来游客，品尝聪明鱼的生态鱼就变成了必选项；购买当地的土特产，如五指毛桃等，就变成了顺手捎带的事情。当基地变成了可以赚钱的地方，周围的人，尤其是从村里到城市务工的人，自然就会回来。这个"1+N"的模式就变成了"N"的"n"次方。

在聪明鱼智能钓鱼房车上举办生日会的人

与此相匹配的还有低空飞行公司。

以每一个基地的水库为中心，开展低空飞行、狩猎以及品尝美味鱼类的体验，并联动周边文化和旅游景点，再结合乡村、山野中的原生态食物，最终会变成什么？是文旅产业吗？是，但又不仅仅是。重要的是，这种模式的驱动力完全不同。当初在美国发生的回归乡村运动，未来在中国类似的情况也极有可能出现。哪怕只是短暂的回归，只要人多，也会形成强大的消费效应。

"N"在每一个阶段都可以体现，并且有可能不再产生新的费用，而是实

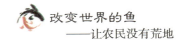

现资源的闭环循环。举个例子,随着公司规模的发展,有一天,这条世界上好吃的生态鱼可以赠送,你觉得这可能吗?

我们再把目光转回到智能渔方上。1.0 版本的智能渔方所采用的太阳能光伏板大约有 60 平方厘米。目前,这个太阳能光伏板所能发出的电仅供系统自身使用,但随着设备的投放数量增加,每一个放在水面上的智能渔方都可以成为分布式发电单位。我们只需要将目前这块约 60 平方厘米的光伏板,换成 9 平方米大的可跟随太阳位置自动变换角度的光伏板,这将使智能渔方成为一个较大规模的水上光伏发电项目。太阳能光伏发电技术已经较为成熟。在新疆,甚至有上百平方公里的光伏电站。虽然未来聪明鱼基地的太阳能光伏板发电效益无法与新疆的大型光伏电站相比,但足以覆盖生态鱼养殖的运营成本。

水底拍摄的渔方内的鱼

"1+N"模式是利他精神的一种体现。从经济正反馈角度来说,"1"的付出越多,收获就越大;"N"赚得越多,"1"就越稳固。

最好的经济循环都是自涌现的,既不需要教育,也不需要号召。哪里有生活,哪里就有人;哪里有好生活,哪里就聚集很多人。

第六章

人是决定一切的核心要素

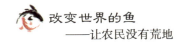

第一节

理想主义者才有未来

聪明鱼到今天为止仍然是一家小公司，还处于爬坡阶段，距离成为行业龙头尚有距离。但作为一家在全球范围内几乎没有直接对标企业的公司，它所做的事情又显得意义非凡，甚至有些悲壮。

木村秋则因种植没有农药的苹果而疯狂，"银鱼"则为一条世界上好吃的生态养殖鱼而求索。这些天真而炙热的灵魂是人类前行的精神力量来源。虽然他们做的事情也许没有像马斯克那样获得如此多的关注，但同样使世人震撼。

"银鱼"显然是一个理想主义者。仅就个人财富与生活而言，他早就可以享受生活了。我曾造访他早年购买的市中心别墅，但他一天都没有在那里住过。别墅周围住的都是一些重量级人物，包括国内顶级上市公司的高管。事实上，对于一个深度考察过全球120个国家和地区的人，这些只不过是过眼云烟。

"这件事做成了，迟早都会交给国家，这辈子就算不白活了。""银鱼"经常私下里跟我讲。

我和"银鱼"有超过13年的交情，他最早是我的客户，我曾去北方某大型企业做培训，而那家企业是他的老东家。后来，他邀请我加入他的公司，一直到今天，我们是并肩作战的战友，而他却从来没有去过我的小公司。我曾经问过他："怎么对我这么放心？"他笑眯眯地说："国家已经替我选择了，我担什么心呢？"作为咨询顾问，我实际参与辅导的公司超过100家，"银鱼"的公司是唯一一家从来不需要催收咨询费用的企业。每次到了协议约定付款时间的前几天，"银鱼"总是会笑眯眯地问我："马老师，该给你付款了吧？"

理想主义者总是会吸引理想主义者。

"鳙鱼"来公司的经历就是一个很好的例子。

"鳙鱼"在抖音上的发言视频点击量超过千万，但为了避

聪明鱼创始人"银鱼"

免麻烦，公司选择把视频下架了，因为"鳙鱼"说了真话。这位四川农业大学水产养殖专业的硕士研究生，竟然从来不吃自己养的鱼，这一现象令人感到讽刺。可以说，在加入聪明鱼公司之前，"鳙鱼"每天都备受灵魂深处的煎熬。

当得知聪明鱼要做这样一件与行业完全背道而驰的事情的时候，"鳙鱼"不敢相信，也不愿意相信这是真的。他不敢相信真有一个"傻乎乎"的老板愿意在这个领域发力。为了慎重起见，"鳙鱼"并没有亲自前来，而是安排他

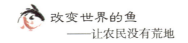
的一个下属来公司面试，通过后入职。直到这个下属在公司工作了半年之后，告诉"鳛鱼"："这个老板是玩真的，不是吹牛、欺骗。""鳛鱼"才正式入职聪明鱼公司。

"我原来以为要到我儿子那一代才会有，没想到我这么幸运，提前遇到了。"

每次说起这段话，"鳛鱼"都热泪盈眶。

理想主义者和现实主义者的碰撞，往往是现实主义者暂时胜利，但最后的胜利一定属于理想主义者。

聪明鱼种植专家"草鱼"

迄今为止，各个层级的重要人物都找过聪明鱼公司。在他们眼中，人工智能、乡村振兴项目是容易实现变现和申请国家补贴的领域。他们找聪明鱼公司的目的，无非是想着怎么把自己手里的资源或者权力变现。"银鱼"深知其中的利益诉求，始终坚守一个基本原则：聪明鱼公司立足企业使命，只做自己该做的事情。其余的事情，不参与、不评价。

智能渔方基地里的退伍军人

理想主义者加上脚踏实地的行动，必将创造奇迹。

第二节

如何让人回归土地

让人心甘情愿地回到土地上，是这项事业成功的关键，也是"银鱼"思考最多的问题。

聪明鱼公司的整个产业链涉及众多不同的角色。

一是农民，尤其是农二代、农三代，只有他们愿意回来，土地才有希望。但他们回来的前提是能够解决就业、发展以及改善经济的问题，否则，他们早晚还会离开。

二是消费者，尤其是大量的城市消费者愿意来到乡村，一方面可以带动乡村发展，另一方面可以解决城市居民面临的一系列问题，如不了解乡村、无法亲近大自然等。

三是投资人，只有资本愿意向乡村流动，乡村才有希望。但商业资本流向乡村，不能靠情怀，也不能靠政策和强制命令，而是要靠商业本身。只有当资本能够在乡

村产生价值、获得投资收益甚至是高额收益的时候，资本才会愿意进入乡村，而单纯依靠政府补贴，尤其是乡村振兴基金，往往导致投不出什么好项目，或者出现很多投机分子来骗补贴。

四是聪明鱼公司员工，也就是"渔民"。聪明鱼公司的基地分布在全国各地，大部分又处于比较偏远的乡村地区，相对于城市来说条件艰苦。

五是社会人士，包括媒体，以及其他关注乡村发展的人士等。

六是政府，政府需要对能够真正解决问题的公司给予更多扶持政策，帮助它们解决发展过程中的困难，尤其是营商环境的建设。

聪明鱼康禾 1 号农场复垦

　　实际上，最难的还是吸引那些离开土地的人自愿回来。

　　对农民的吸引主要来自收入。一旦在家门口可以获得两份收入，并且收入不低于城市收入，那么大量的外出务工人员就会回来。毕竟在城市里，生

聪明鱼部分"渔民"惠州团建

活成本较高，压力较大，除非有特殊才能，否则很难有出人头地的机会。只要在公司的分配机制中，除了日常的工资收入，还为所有愿意和公司一起奋斗的农民在未来的资本收益中适当给予分红权，就可以在最大程度上解决农民回归的问题。这里面的挑战在于公司管理的水平与制度的设计：既不能让人没有奋斗的动力，也不能让人坐享其成，这是一种管理学的艺术。某些时候，这类似改革开放初期的初级工业化。对农民的工作安排要简单直接，有些时候可以更果断一些，就如《妙法莲华经》所说："先以欲钩牵，后令入佛智。"

要让消费者愿意回归乡村，对产品一定要做人性化的设计。

119

在深圳，由于职场压力大，绝大部分年轻人对乡野有天然的向往。甚至不需要提倡，只要产品设计符合年轻人的喜好——新潮、简约、个性化、便利等，并搭配优惠的市场策略，就能吸引他们。可行性主要取决于基地与城市之间的距离以及产品设计是否合理。例如，如果是开轿车自驾游，从深圳到河源有点远，而到惠州、东莞就刚刚好。但如果是开房车，从深圳到河源就变得很容易。如果发展低空飞行，从深圳、广州到湖南，也会成为可能。这需要产品设计与相关技术的结合。这就是聪明鱼房车管理公司和聪明鱼低空飞行公司要做的事情。当然，这些是战略性规划。目前的主要任务依然是大量投入智能化设备，让农民没有荒地，让土地产生价值，通过养殖完全生态化的、世界上好吃的鱼来实现商业闭环。

投资人是对企业未来进行投资的群体，其目的是通过投资聪明鱼公司来实现资本增值的。通俗地说，就是赚钱。根据聪明鱼公司目前设计的供应链财务指标与循环速度，在完全正常闭环的情况下，毛利率可达80%。很显然，这种收益率在当前投资环境下是超高的。因此，聪明鱼公司真正要做的是让投资人理解这种商业模式的创新，包括制度创新、财务创新以及如何规避法律风险。

投资人群体规模虽小但是能量大，吸引他们的关注对聪明鱼公司实现让农民没有荒地的企业使命具有重大的促进作用，这当然也包括各类乡村振兴基金。

社会人士的关注，包括媒体的关注，是公司市场部需要重点管理的方向。

吸引社会人士的关注，意味着要与所有重要的利益相关方开展合作，如餐饮协会、私厨联盟、美食博主、钓鱼"大V"、露营博主以及产业协会等。通过开展活动和构建异业联盟的形式，让他们在品尝美食的同时达成自己的目标，进而提升他们的价值和影响力，从而实现共赢。这一理念也契合聪明鱼公司的企业文化——团结、坚持、奋斗、多赢。

还有一个空中支持体系，虽然该体系未必能够带动很多人真正到乡村去，但是可以引发更多人对生态鱼的关注和参与热情，这就是聪明鱼数字资产公司要做的事情。聪明鱼数字资产公司受供应链公司的委托，在贵州省华夏生态交易中心挂牌交易"聪明鱼1号鱼"生态鱼，这无疑会增加市场的曝光度，吸引更多的人到乡村去。

在政府层面,聪明鱼公司还是坚持不给政府添麻烦。但是只要政府需要，聪明鱼公司一定会全力以赴。与其寻找政府资源支持，不如做出成绩让政府看到。

集合众人之力完成乡村振兴的大业，要走的路还很长。

第三节

人力资源的挑战

企业员工问题，即"渔民"的问题，是人力资源的巨大挑战。

陶行知先生在多年前就曾大声疾呼："中国乡村教育走错了路，他教人离开乡下向城里跑，他教人吃饭不种稻……他教人羡慕奢华，看不起务农；他教人分利不生利；他教农夫子弟变成书呆子……前面是万丈悬崖，同志们务须把马勒住，另找生路。"

但企业没有办法摆脱这一现实，我们能做的是通过行动让大学生看到农村的希望，从而自愿投身这场伟大的变革。

在招募员工的过程中，我参与了很多面试以及心理评估。很多"90后""00后"的心理评估结果令人震惊，许多人或多或少存在问题，我们有责任不让这样的状况再继续下去。

目前，聪明鱼公司已经通过"鳠鱼"与国内几所农业大学建立了战略合作关系，优先选拔录用其毕业生，在基地以"鳠鱼"为主要负责人加强对他们的培养。同时，公司敞开胸怀，欢迎各类专业人才加盟。公司通过实施ESOP（员工持股计划），建立激励机制，帮助优秀员工确立明确的发展目标并拓展成长空间。

另外，公司在大力建设"聪明鱼学院"，加强对"渔民"各类技能的辅导和培训。在不久的将来，公司也将重点培养各个层级的领导干部。

实际上，写这本书也是一项任务，就是要原原本本地告诉读者，这是一群理想主义者的实践。这是一场伟大的运动，不仅是造福、造富的运动，还是一场回归生态的运动，更是一场社会革新的运动。

在很多地方，政府和水利部门已经明令禁止在水库中进行养殖活动。原因很简单，传统养殖的投入产出比严重失衡，不仅无法解决问题，还会造成严重的污染。但聪明鱼公司这种完全生态化的养殖方式，凡是到基地实际参观、考察过的各级领导干

聪明鱼湖南分公司负责人"福寿鱼"

部，无一不表示支持。许多地方的招商局已经发出明确的邀请，希望我们去当地投资项目。很显然，我们还需要能够给各级政府清晰地讲明白聪明鱼商业逻辑的各类人才。聪明鱼公司做的并不是简单的投资，否则就会重蹈以往政府招商"引进外商，打成内伤"的覆辙。聪明鱼公司要做的是利用人工智能技术，让当地的资源真正"活"起来，从而实现经济的自涌现。这需要给领导干部们讲明白，并且让他们实地参观体验后，他们才有可能理解这个逻辑。

连平县刚割完草的"渔民"

很多资源丰富、环境优美的地方，缺少的就是类似聪明鱼公司这样的项目。深圳市南山区粤海街道高新社区党委兼职副书记黄正龙带队的深圳市人大代表调研组和宝安区人大代表一行对聪明鱼公司进行过调研和工作指导。黄副书记指出，发展新质生产力不仅要提升生产力，某些时候更要调整生产关系。聪明鱼公司做的正是这样一项伟大的工作。

第七章　生态化的扩展

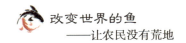

第一节

跨越行业

有句话形象地指出思维的局限性："当你手里拿着一把榔头，看什么都是钉子。"这也从侧面反映了元认知的局限性。伟大的企业为什么很难被复制？原因很简单，伟大的企业都有一个非常重要的前提——思考问题的出发点不同。

我是一名精益营销顾问，从事精益管理相关工作已有16年。这么多年来，我深入了解并实际参与了很多公司的组织变革。事实上，绝大部分组织的精益变革都是以失败告终。就像沃麦克在《精益思想》中描述的那些沾沾自喜的高管，总以为把员工裁掉就是精益，其实体现的恰恰是最违背精益思想的专制思维，这样的组织怎么可能进行精益变革呢？

同样，聪明鱼公司基于生态化条件下的标准化探索也有一个前置条件，那就是对土地的热爱和利他精神。这里需要有对自然的尊重，对自然规律的遵循，以及需要克服人性的贪婪、丑陋与自私。所谓君子爱财，取之有道，只有这样才能建立起整个供应链的自涌现系统。

自涌现是经济学的研究内容。就像亚当·斯密讲的"看不见的手"一样，宇宙间存在着一种相互制约、相互影响、相互促进、相互转化的力量。正如蝴蝶效应所描述的那样，一只南美洲的蝴蝶扇动翅膀，结果可能在美国得克萨斯州引发一场龙卷风。数学家通过分形数学来表达和描述这种情况。

有一则小故事，生动描述了中国人如何通过自涌现在遥远的西伯利亚反客为主。

当年有一个中国青年外出谋生，阴差阳错之下跑到了俄罗斯西伯利亚一座偏远的小镇上。这座小镇人非常少，只有不到 1000 人，主要靠挖煤为生。这个年轻人没什么谋生手段，唯一能做的就是开餐馆，这也是中国人走遍全世界都能做的事情。当地人的爱好之一就是喝酒，尤其爱喝伏特加酒。美酒和来自中国的美食，让这家餐厅很快成为当地人聚会的主要场所。很快，赚到钱的年轻人觉得自己忙不过来，就把老婆接了过来。他老婆也觉得这里的生意很好做，就把她妹妹也叫了过来，而她妹妹来的时候顺便把丈夫也带来了。年轻人的妹夫有一大群兄弟，听说在这里可以发财，于是纷纷前往西伯利亚。就这样不到 20 年，这个遥远的西伯利亚小镇人口增长到近 2 万人，其中 95% 都是华人，俄罗斯人反而成了少数。

这就是典型的经济自涌现。

实际上，聪明鱼公司在任何一个地方的开拓都与这则小故事的逻辑类似。当第一颗草种子撒下时，当第一个智能渔方投放到水里时，经济的齿轮就开始了转动。只要不发生大的动荡，这个地方很快就会成为一个网红打卡点。此时如果再有政府的推动，当地很快就会呈现出蒸蒸日上的景象。

聪明鱼连平分公司目前已经成为连平县重点扶持的企业，地方官媒多次进行报道。此次我接受写书任务，没有选择去连平基地，是因为那里人太多了，很难安静下来写作。

应用聪明鱼公司的底层商业逻辑助力乡村振兴，让农民没有荒地，不仅可以依靠一条生态化的鱼来实现，其他所有与农业相关的产品品类其实也都可以按照这个逻辑发展。只不过有一个前提条件，那就是做这件事的人必须是真正以乡村振兴为己任的人——真正愿意老老实实、脚踏实地地做一些小事，并秉持利他精神。如果违背了这个前提，大概率会变成一套骗人的把戏。显然，聪明鱼公司的模仿者一开始就掉进了自己给自己挖的陷阱里。

目前，已经出现了很多聪明鱼公司的模仿者。有的人模仿聪明鱼公司的

在贵州考察途中

设备，却用饲料鱼来滥竽充数；也有人完全模仿聪明鱼公司的商业模式，用于养殖生蚝，但是没有相应的智能化设备，只能在原始的养殖方式上略加改进。不用怀疑，这些项目注定是要失败的。

我曾和深圳一位商界的女士进行过激烈的争论，她斥资 3 亿元投资了类似美国梅奥诊所的医疗机构，并且引进了所谓的精益医疗管理，最终却失败了，这让她得出了精益医疗没有任何用处的结论。这又是一个典型的反面案例：当决策者以自私自利的视角曲解本应利他的管理模式，强行改变前提假设，恰恰印证了"当你手里拿着一个榔头，看什么都是钉子"这句话。可悲的是，这样的闹剧比比皆是。

事实上，聪明鱼公司的理念一定会跨越行业。既然生态化的鱼可以这样做，那么生态化的鸡是否也可以这样做呢？答案是肯定的。向各位读者透露一个小秘密，聪明鱼公司依据这种理念养出的鸡将在不久后与消费者见面。

我们坚信，基于智慧农业、精准农业、生态农业的数字化养殖方式必将成为未来的主要生产方式之一，让农民没有荒地的理念必将依托专业知识在各个层面开花结果，绿水青山终将变成金山银山。

第二节

绿色发展

生态的价值怎么形容都不过分。在山门水库居住了一个月，我发现自己的睡眠质量改善了许多，连皮肤也开始变得有光泽。一方面，这得益于公司的安排，让我卸下各种杂事，专心致志地写作；另一方面，这里的空气和水肯定也发挥了重要作用。山门水库是澧县涔槐国家湿地公园的重要组成部分，有90余个岛屿，俗称"百岛湖"。这里生活着白鹭、娃娃鱼等国家级保护动物，碧波万顷，林间鸟语花香，空气中弥漫着香樟的味道。站在大堤上向两边望去，一边是蓝天白云映照下的碧波，一边是郁郁葱葱的山谷。如果不考虑经济因素，这般生活堪称"神仙日子"。这就是生态能够带给人类的价值所在。

工业化往往以牺牲生态为代价。伦敦泰晤士河曾是世界上污染严重的河流之一。大部分工业化国家所走的道路都是先污染后治理，从经济的投入产出来说，污染后再治理是得不偿失的。这是人类认知局限和狂妄自大所付出的代价。1962 年，蕾切尔·卡森出版了著作《寂静的春天》。这位环保主义伟大先驱曾被人恶意攻击，更鲜有人关注她笔下那些孵不出后代的信天翁。

在短短数百年间，有大量物种灭绝，地球生态环境被肆意践踏与破坏，人类的行为给地球生态带来了巨大压力。

2023 年 12 月 27 日，《中共中央 国务院关于全面推进美丽中国建设的意

聪明鱼在常德市澧县设计安装的智能渔墅

见》（以下简称《意见》）指出：当前，我国经济社会发展已进入加快绿色化、低碳化的高质量发展阶段，生态文明建设仍处于压力叠加、负重前行的关键期，生态环境保护结构性、根源性、趋势性压力尚未根本缓解，经济社会发展绿色转型内生动力不足，生态环境质量稳中向好的基础还不牢固，部分区域生态系统退化趋势尚未根本扭转，美丽中国建设任务依然艰巨。新征程上，必须把美丽中国建设摆在强国建设、民族复兴的突出位置，保持加强生态文明建设的战略定力，坚定不移走生产发展、生活富裕、生态良好的文明发展道路，建设天蓝、地绿、水清的美好家园。

常德市澧县山门水库

关于绿色发展，《意见》提出了"四个全"——全领域转型、全方位提升、全地域建设、全社会行动。

同时，要加快发展方式绿色转型，优化国土空间开发保护格局，积极稳妥推进碳达峰碳中和，统筹推进重点领域绿色低碳发展，推动各类资源节约集约利用。

此外，还要打造美丽中国建设示范样板，建设美丽中国先行区，建设美丽城市，建设美丽乡村，开展创新示范。

在健全美丽中国建设保障体系中，《意见》提出，要加强科技支撑。

放眼全球，没有哪一个领导集体，能够像中国共产党这样，始终把人民的利益放在第一位。

聪明鱼公司做了一件符合企业社会责任的事情，并且具有明显的示范效应。

零污染、零排放的双零循环模式，正是我们所追求的创新示范样板。

对于企业来说，绿色发展不仅是零污染、零排放，更重要的是在底层逻辑上以自然环保、无害为原则思考问题。这就需要企业深刻把握自然规律，尊重自然。前面我们提到过，智能渔方的网架实际上使用的是一种特殊材料，这种材料不仅使用寿命长达15年左右，而且无论面对多大的浪涌、狂风暴雨、山洪，都能确保架构稳固，同时在湖水浸泡、高温冲击等各种条件下不会释放任何对水有污染的物质。这种环保主义的思想已经融入聪明鱼公司的基因。

2023年6月，河源市遭遇双台风及连续1个月的暴雨袭击，东江流域出现了严重的洪涝灾害。损失最大的自然是水产养殖业，许多在池塘、水库饲养的鱼被冲走，民众甚至能在街道上轻易抓到鱼。然而，整个河源市只有聪明鱼公司的智能渔方安然无恙。

事实上，绿色发展要求人们在内心深处进行自我革命。这是对人性的巨大考验，因为心底的贪婪以及小农经济追求成本与效率的思维根深蒂固。在聪明鱼公司商业系统的设计中有非常多的小细节，这些小细节恰恰是践行绿色发展理念的关键。千里之堤，溃于蚁穴，任何一点疏忽都会导致整个系统的崩溃。举例说明，聪明鱼公司和农民签订土地租赁合同后，是雇用农民种草还是直接从农民手里买草？这个小细节直接决定了整个商业系统是否符合绿色发展理念。基于成本与效率的考虑，很多人可能会选择后者，很多从事供应链管理的公司也常基于这种思维来考虑问题。但事实上，一旦这样做了，这个系统就可能崩塌。雇用农民种草，表面上看效率非常低，农民也可能会

河源市源城区香车水库

磨洋工。但因为农民拿了工资且不对结果负责，基于人性自私的考虑，他们绝对不会自己出钱给草地施肥，更不会关心草的质量与产量。雇用农民种草可以保证鱼儿吃到的草是完全生态化的、绿色环保的。一旦开始从农民手里买草，情况就会迅速恶化。农民为了提高产量和收入水平，一方面，可能会添加高风险农药、化肥，让草看起来更茁壮、产量更高；另一方面，他们可能会想方设法贿赂工作人员，甚至导致很多人卷入其中。

企业家的责任是利用商业规律并遵循人性规律来解决问题，这些都是"银鱼"在多年的探索中经历过的，甚至为此交过"学费"。

这条完全生态化的鱼被投入智能渔方后，经过一年的饲养，出塘并被包装运输到餐厅，最终被消费者食用，整个过程中存在诸多可能被调包的环节。人性有其复杂的一面，在任何一个环节都有人可能为了私利而造假，以次充好。为此，聪明鱼公司联合供应商开发了一套顶级防伪系统，利用双密钥体系，

在贵州考察途中

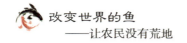
可以全程防止饲养、运输、售卖等环节的作弊行为，甚至可以做到同一公司旗下的两家餐厅都无法串货。每条鱼都有唯一的身份编码，只有消费者可以核销这个码，从而确保这条鱼是真正的生态鱼。

绿色发展还要求在发展过程中，不仅要考虑当下，更要考虑可持续性。比如在土地耕种中，所使用的肥料必须是有机的、可持续的。聪明鱼公司在选择水库的过程中也十分注意这些小细节，就是水库周围一定范围内不能有桉树等树种；并且在管理过程中，不仅关注自己的基地，更关注基地上下游的动态变化，将一切有毒有害的可能性消灭在萌芽状态。

第三节

被"盗版"的世界品牌

在拉斯维加斯国际消费电子展上，一个印度人掏出一张名片，递给"银鱼"，并说道："你知道吗？这个是和苹果、亚马逊齐名的世界知名品牌Smartfish。"

"银鱼"看了他一眼，然后问他："你到过中国吧？你去过深圳吧？你也一定到过宝安，对吗？"印度人大为惊讶："你怎么知道的？"

聪明鱼公司品牌标识

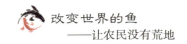
　　"银鱼"笑了："你拿的名片是我的。"

　　这是2017年在美国发生的真事，那个时候聪明鱼公司还没有正式运营。实际上，"Smartfish"这个商标的设计时间比公司的成立时间早得多。2007年，"银鱼"花了半年的时间设计"Smartfish"商标。很难想象，作为公司的创始人，他竟然还是一位设计方面的高手。这个商标把英文巧妙地组合成了一条鱼的形状，鱼的眼睛是"@"，代表着互联网以及人工智能要素。汉语的"聪明鱼"三个字则更加精妙，几乎包含了聪明鱼公司今天要做的所有事情，包含了天地、无穷大、日月的符号以及阴阳太极图，真不知道他是怎样想出这些内容的，以致这个印度人第一眼看到的时候就想把它据为己有。事实上，"Smartfish"这个商标也被那个印度人在印度抢注。

　　"银鱼"的知识产权意识是我遇到的所有企业家当中最强的。20多年前，"银鱼"不仅自己开始关注知识产权，甚至一度给知识产权公司授课。他原有公司所获取的各种发明专利，一个大箱子都装不下，这种强烈的知识产权意识来自其多年的外贸经验。"银鱼"跑遍全世界，在和西方人尤其是美国人打交道的过程中，有时还会略胜一筹，但和中国人打交道时却往往吃亏。

　　曾经有一年，"银鱼"的公司打了100余场有关知识产权的官司，并且全部获胜，但这些司法胜利并没有带来任何财务补偿，有时候打官司甚至亏本。即使这样，对于知识产权以及品牌的保护，"银鱼"及聪明鱼公司并没有放松，反而在进一步加强。

聪明鱼公司的知识产权保护范围从发明、商誉到品牌商标，甚至包括口号，之所以这样做，一方面源于对国家不断健全的司法体系的信任，另一方面源于对构建公司知识产权和数字资产的信心与底层认知。

根据《中华人民共和国刑法》第二百一十六条，假冒他人专利，情节严重的，处三年以下有期徒刑或者拘役，并处或者单处罚金。

"飞鱼"用艾草制作的中秋茶点

侵犯知识产权发明专利行为纳入刑事范畴，对于像"银鱼"和聪明鱼公司这样立志发明创造，尤其是具有首创精神的个人和企业来说，无疑是巨大的保护。聪明鱼品牌的所有大类商标，全部申请了法律保护。

聪明鱼公司总部，同时是社区免费开放空间

17年前，"银鱼"就已经为这家公司指明了发展方向，这种战略眼光和前瞻性超越了一般企业家，这种驱动力的背后显然不是钱。这不禁让我想起了台湾诚品书店，据说诚品书店也是10余年都没有盈利。到底是一种什么样的精神支撑着这些企业、企业家砥砺前行？就像木村秋则，一个人默默躲在自己的果园里，杂草长得比他还高，有些时候为了感知土壤的变化，甚至亲自品尝带有粪便的土壤。也许这才是一个品牌最核心的内涵，足以震撼人心。

第四节

全球视野

聪明鱼公司的"视野"一开始就具有全球性。

"银鱼"在美国开展业务已有 35 年，他非常清楚世界经济的走向。中华民族是非常勤奋的民族，我们可以向任何人学习，包括竞争对手甚至敌人。

在世界范围内，养殖行业基本上被现代化学工业垄断。我们之所以还能在世界很多地方享用一些天然的食材，是因为部分地区仍保留着传统的养殖方式。同时，由于各国环境资源的差异，如澳大利亚、新西兰等国，它们凭借得天独厚的自然条件，其牛奶、水果等产品可以以较低的成本生产，但中国在这方面并不具备优势。

中华民族饮食的丰富性在世界上名列前茅，这体现了中华民族的智慧。民以食为天。利用人工智能系统，实现生态化条件下的标准化生产，从而在生产端大批量地满足人类的基本需求，这是一种超越工业化生产的创新方式。

因此，聪明鱼公司的创新是一种全新的思路，目前在全球范围内都没有对标企业。这无疑使公司的融资面临重大挑战。从"银鱼"的推广开始，每一个"渔民"都要不厌其烦地向别人介绍这种全新的体系，否则很容易被误解。

这么多年来，我已深刻体会到资本方的冷漠与傲慢。从自己参加路演，到作为嘉宾参与投融资项目洽谈会，我接触过形形色色的资本方，他们以挑剔甚至不懂装懂的态度来评价创业项目和团队。这种现象也是资本和金融脱实向虚的一种内在表现。事实上，睿智的企业家并不在乎资本方的挑剔，而

聪明鱼公司召开上市启动会

是厌恶资本方的不懂装懂。无论何时，企业才是创造财富的主体，资本方只是加速器，这个逻辑关系绝不能颠倒。

创新和创造主要源于企业家的实践。

在聪明鱼公司的发展过程中，我们接待过许多专家和学者。事实上，许多学界人士对企业实践知之甚少，尤其在农业以及乡村振兴领域。他们忽视了企业的实际需求，却往往掌握着话语权。就好像我们的鱼一样，在他们没有体验之前绝不会相信，更不会想到世界上有这样好吃的鱼存在。有些人也许会谦逊地承认自己的无知，但也有一些人就像《姜从树生》这则故事里的楚国人一样，即使输了争论，也绝不承认自己的错误。

在金融路径上，聪明鱼公司选择走向国际市场。

世界上有很多金融市场，如果以市场成熟度与流动性衡量，对高科技最具吸引力的依然是美国纳斯达克。聪明鱼公司选择赴美上市，是公司在反复比较全球金融市场以后做出的战略决策。这一决策综合考虑了中美关系、地缘政治格局、人工智能技术的发展趋势以及可能面临的法律风险。对于聪明鱼公司而言，选择任何一条路径都只是公司发展的里程碑事件，而非终极目标，更不会因此而沾沾自喜或者止步不前。这与那些以上市为终极目标的公司截然不同。

这对公司提出了非常高的要求，公司内部需要建立以终为始的管理与运营模式，同时需要管理层紧盯革命浪潮、把握时代趋势，这样才能让企业行稳致远。

"银鱼"的办公室里挂着三张地图：广东省地图、中国地图和世界地图。

可以预见的未来是，中华民族必将以更加昂扬的姿态屹立于世界舞台中央。聪明鱼公司将立足广东、放眼全球，将土地转化为财富源泉，将环境转化为资产，让这条世界上好吃的鱼游向全球。

第八章　从精益到生态

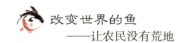

第一节

从《改变世界的机器》到《改变世界的鱼》

本书诞生的目标并不是要给公司做宣传，也不是做成一个"广告片"对外发布。显然，用这些方式来做企业品牌宣传不是最佳的创意。这既不经济也没有必要。

就像沃麦克以丰田为样板思考汽车工业的未来一样，我们也可以借助聪明鱼来思考人类与食物、人类与环境的未来。如今，食品安全与人们的生活息息相关，面临着巨大的挑战，而这种挑战的严重性超出了人们的想象，某些数据甚至无法公开发布。有些人把年青一代身体素质下降归因于生活方式的改变或电子产品的"污染"，却忽视了更根本的因素——饮食。事实上，饮食对人类健康的影响比我们想象的要深远得多，在某些层面上甚至是决定性的。

如今，我们乘坐的汽车越来越智能化、安全化与环保化，自动驾驶技术让汽车变成了移动生活空间；我们的科技已经让我们能够实现太空探索。但人类作为哺乳动物，仍然需要从外界摄入食物，而这些食物本质上仍需遵循自然生长规律。然而，工业化农业下的大规模养殖和种植早已能够满足人类"吃饱"的需求，但想"吃好"仍然任重而道远。

自然界存在一个常被忽视的规律，那就是事物的不对称原理。这个原理表明，决定事物本质属性的要素往往是占比不到1%的少数，而不是占比

146

在基地过夜时寂静的山林

99%的主体部分。这个规律无论在自然界还是人类社会都客观存在。例如，当我们计算居民的平均收入水平时，如果不把比尔·盖茨和马化腾这样极少数的富豪算进去，收入水平的差距其实并不大。但如果加上几个像比尔·盖茨这样的富豪，仿佛我们都是百万富翁了。

同样的道理，水利万物而不争。好的水和坏的水的主体成分都是一样的，水中杂质的多少决定了水的优劣。不同标号的水泥虽然都以石灰石等为原料，但微量成分的差异就会导致不同的凝固时间与性能。这也是机场跑道所使用的水泥与普通建筑所使用的水泥的区别所在。

147

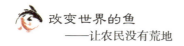

为了降低成本，许多餐饮公司大量采用预制菜。这些预制菜的储存时间一般都超过了一个星期，有的甚至超过 12 个月。这些所谓的食品到底还剩下什么营养，除了充饥还能发挥什么作用？

水库的水面，波光粼粼

生态化条件下的标准化，是人类超越大规模工业化发展的必由之路。人类无法脱离自然之子的身份。即使人类的双脚踏上了火星，我们仍然需要摄取食物。为了子孙后代的未来，为了我们自己的身体健康，也为了给环境一点自我净化的时间，我们有必要从思想上进行一次深层次的革命。这场革命比精益生产方式重要得多。如果说精益生产方式只是满足人类多样化、个性化的需求，那么生态化条件下的标准化则要满足人类食品安全、营养均衡的需求，这是我们在大自然中立足的基础和根本。

聪明鱼公司和社区居民联欢互动

聪明鱼只不过是开了一个头，"银鱼"就像木村秋则一样，都有简单而纯粹的灵魂，但他们锲而不舍的精神足以震撼人心。

今天，我们完全可以不必以虐杀其他生灵的方式去满足人类无限扩张的贪欲。聪明鱼公司的实践只不过是从另外一个维度告诉世人，尤其是告诉资本：用安全、环保、生态化的方式不仅可以满足人们的刚性需求，同时真的可以赚到钱。

第二节

数字化、智慧化

建立数字地球是人类的梦想之一。

从数学的角度来看，包括 DNA 在内的许多事物本质上都是代码。随着信息技术的高速发展以及人工智能时代的来临，人类生产、生活的方方面面都将走向数字化。数字化不仅有助于构建精准的体系，还能在生产与生活之间实现最优平衡。大自然的进化精妙绝伦，一颗种子所蕴含的能量及其转换能力，是人类至今难以企及的，而这一切背后都离不开数字的作用。无论是基于仿生学，还是基于对自然的尊重，我们都完全有能力在每一个细分领域建立最佳的体系，从而实现人与自然的和谐统一。

万绿湖"渔民"亲子活动

精益管理的最后一个原则就是尽善尽美。生态化条件下的标准化是人类实现尽善尽美的必由之路，而数字化、智慧化则是照亮方向的明灯。

我们以一个常见的精准营养学案例来说明数字化对人类生活的影响，这也是我们的科学家团队历经多次试验后得出的优化解决方案。

鸡蛋是人类获取蛋白质等营养的重要来源之一，但是食用鸡蛋的方式会直接影响蛋白质等营养的摄取质量。鸡蛋有无数种做法，可以蒸、煮、炒、煎，可以做汤、做蛋糕等。事实上，不同的做法对于蛋白质等营养的摄取会有完全不同的结果。科学家通过反复试验发现，人类食用鸡蛋除了补充蛋白质和充饥，最主要的作用是摄取蛋黄中的卵磷脂。卵磷脂是人体重要的营养素之一。而传统的鸡蛋做法几乎都会破坏卵磷脂，无法发挥鸡蛋最重要的营养价值。

卵磷脂对温度非常敏感，达到一定温度后，其活性会逐渐被破坏并消失。而鸡蛋又必须煮熟，否则会有安全风险，因为很多鸡蛋的蛋壳会沾染沙门氏

"渔民"自己做的青椒皮蛋

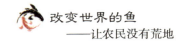

菌，需要通过一些手段杀菌。在这种情况下，如何在保证安全与保持卵磷脂的最大活性之间达成一个动态平衡，是件具有挑战性的事情，这时就需要精准的数据。

经过大量的试验，科学家发现，为了最大程度地摄入卵磷脂，鸡蛋的最佳做法既不是炒，也不是蒸或者做汤，而是用水煮。但是在水煮的过程中，需要严格把控每个关键参数。表2是科学家提供的煮鸡蛋的精准方案，这个方案经过多年的试验，效果非常惊人。

表 2　煮鸡蛋的精准方案

要素名称	方案	备注
选择鸡蛋	选择新鲜度高、有正规认证标志的鸡蛋	可以通过看蛋壳、观察气孔、检查裂缝、摇晃听声等方式判断新鲜度
鸡蛋温度	要求常温，如果是冰箱保存的，需提前拿出来升温至常温状态	从冰箱里直接拿出来的鸡蛋烹饪效果不佳
烹饪方法	放锅里加盖水煮	实验证明这是科学且成本最低的方法
水	大小适中的煮锅里放到鸡蛋 80% 位置的水	注意水不要完全覆盖鸡蛋
顺序	先把水烧开后再放入鸡蛋，根据天气情况调整火的大小，在夏天温度高的时候，使用小火即可	顺序不可颠倒，鸡蛋不可冷水下锅煮
时间	水开以后，鸡蛋下锅煮 5 分钟，需要配合使用计时器	根据鸡蛋大小可以适当调整煮的时间，但不应少于 4 分 30 秒
后续处理	时间到立即停火，把鸡蛋捞出自然冷却	不可用冷水浸泡降温，如果需要快速冷却，可以将蛋壳敲破
效果	4 分 30 秒至 5 分钟的沸水煮，正好可以杀死沙门氏菌，同时可以保证卵磷脂活性最强	煮 5 分钟后，每超过 10 秒，卵磷脂的活性下降 30%；煮超过 6 分钟后，卵磷脂失去活性。此外，鸡蛋煮的时间过长，蛋黄会变粉、发绿，影响口感和营养。这也是很多小朋友不喜欢吃蛋黄的重要原因
食用量	每天可以吃 1 个鸡蛋	有助于缓解疲劳

经过大量试验，按以上方法煮鸡蛋不仅最安全，而且卵磷脂的消化吸收率也最好。一位同事按照这个方案煮鸡蛋并让女儿食用，仅半年时间，他女儿的身高就超过了以前比她高的同学，思考能力也有所提升。

通过数字化和智能化，在生产端实施生态化条件下的标准化，其方法与

152

科学家煮鸡蛋的实验逻辑类似。将这种方法应用到生产端，我们一定能够开发出一个提供精准结果的大数据模型。这个模型能够整合所有相关要素，并且在各个系统之间找到最优解决方案。这个时代已经来临，聪明鱼公司做的事情不过是黎明前的第一道曙光。

实际上，生态化并不能完全代表这种生产运营组织方式。在精益生产之后，人类迫切需要一种新的思维方式来指导未来的生产运营。在与水产专家、管理学家和企业界几位代表沟通后，有人建议将这套生产运营系统命名为"天智生产方式"，寓意"天然与智慧"的融合。传统渔业生产方式与天智生产方式的区别如表3所示。

表3　传统渔业生产方式与天智生产方式的区别

	传统渔业生产方式	天智生产方式
指导思想	追求效率，追求产量，追求价格优势，追求速度，追求性价比，追求"科技与狠活"，追求竞争性	追求天然环保，追求符合天道之下的批量化，追求自然规律，追求天人合一，追求高质量，不追求效率，不追求竞争性
技术底层	以化学农业、基因技术为底层基础，以饲料和鱼药为前提，智能化仅用于速度与效率的过程管理，而非指向价值提升	是完全生态化的循环过程，用有机肥种草，没有鱼药和饲料，是安全天然鲜草，利万物而不争，做到真正的过程智能化
时间维度	时间越短越好，速度越快越好，一般4斤左右的鱼仅需2~3月即可出栏	至少需要一年时间的养殖，不足一年时间绝不出栏
标准化程度	标准化程度较高，能够控制整个过程	标准化程度高，能够精准控制整个过程
对资源的利用	对水体的使用基本上是破坏性的，导致污染，对土壤的使用也是破坏性的	对水体进行保护性使用，不仅实现零污染、零排放的经济模式，还能让土地资源和水体资源整体具备可逆性，这样生产越多，资源反而能得到滋补与更新，越来越好
对环境的作用	对环境整体呈现负向作用	让环境整体具备可逆性，从而变得越来越好，空气、水体、土地和微生物菌群的质量都在不断提升
过程管理	严格控制翻塘，为了控制死亡率不惜加大用药量	采用智能化管控，只需每天2次投喂，其余指标由人工智能自动完成，无须使用任何鱼药和饲料

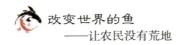

续表

	传统渔业生产方式	天智生产方式
对人的影响	整个过程对于操作者有严重影响，容易导致器官损伤，损害人的免疫系统，甚至间接影响人的道德观念	整个过程安全、绿色、环保，对于人的身心有显著的调节作用，能够提升人的幸福感
技术延展	化学农业导致死循环，鱼得病后，要么改良基因，要么加大用药量，但每条路都是死循环，且无解	尽量减少以破坏性为前提的非自然技术。因此，整个过程都是非伤害性、非化学、有机且自然循环的。并且可以灵活地与其他类似技术结合使用
系统属性	是一个严重封闭系统	是一个自然而开放的系统
过程指标	即使使用高药量，鱼的死亡率依然居高不下，整个过程充满风险，从鱼苗到成鱼均面临高死亡率	零污染、零排放的环境下，鱼的死亡率为0
产品指标	产品存在鱼药残留和污染物，肉质差，带有毒素和浓重的腥味，出水就死，活性极差，运输过程中需要加入绿松石等物质，造成二次及以上污染	这些鱼无污染、无腥味，天然安全，氨基酸含量高，含氧量高，各项指标可与蓝鳍金枪鱼相媲美
价格指标	行业内存在严重的内卷，渔民亏损严重，只有卖鱼药和饲料的商家盈利	每条鱼售价168元，折合每斤40元~50元，价格是传统鱼的4~5倍。但随着批量化生产的推进，价格有望更优惠，从而满足更多人的需求

第三节

鱼跃龙门

聪明鱼的未来在哪里?

　　一旦生态化条件下的标准化得以实现,这将给养殖业和农业带来翻天覆地的变化,智慧农业、数字化农业和精准农业将成为现实。人类的生存必须以食物为基础。为了让人类生活得更好,数字化农业将会产生"1+N"的指数级效应。500年来,推动人类社会发展的实际上是对于金钱的贪婪,这就是马克思在《资本论》中所描述的恶的力量。那么,人类社会发展

新丰江水库大坝

155

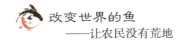
到今天，是否应该转向以追求善为导向的发展模式？

追求财富本身并无过错，关键在于这种追求是否以和谐共生为前提，而不是以损人利己为前提。这正是中国企业家对世界商业的巨大贡献。

以这条鱼为中心，围绕生态化的所有要素重新组合以及数字化赋能，未来将产生什么样的变化？

"银鱼"用几个"Yu"来代表聪明鱼公司的未来，分别是：

渔，以数字农业和数字渔业为代表的生产板块；

娱，围绕绿水青山，让消费者玩得尽兴；

育，以新农人、博物馆、美食教育等为核心内容；

宇，涵盖海陆空，包括渔墅、房车、低空飞行、观光潜艇等；

予，包括 UGC、慈善、公益基金；

余，涉及农业金融，含期货、保险、基金等。

所有的板块都围绕着中心的一条生态化的鱼展开，这正是"从任何一点走下去，都是一个世界"的道理。每个板块都必须以中央板块为核心，以环境资本为支撑，以让农民没有荒地为企业使命，以打造回归乡村生活体验创新平台为愿景。

土地是财富之母，工业是财富之父。谁爱惜脚下的这片土地，土地就会给予其丰厚的回馈。

"银鱼"不止一次凝望自己的故土，这里有儿时的梦想，也有灵魂与身体的归宿。

华夏儿女是龙的传人，鱼跃龙门之后就化身成龙，这既是企业的期盼，也是奋斗目标。事实上，公司未来能做多大、能否上市、有多少市值等问题，并不是"银鱼"真正关心的。这些并非不重要，作为企业，取得商业上的成功是理所当然的。但更重要的是围绕这几个"Yu"，我们到底做了多少对社会有价值的事情？以"渔"字为例，中国 2024 年水产品产量超过 7000 万吨。目前我国每年实施几个月的海洋

河源市东源县康禾镇八角楼

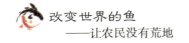

禁渔期，长江也实施了 10 年的禁渔计划，目的就是让生态得以休养生息。如果利用生态化条件下的标准化改良养殖产业，通过精准农业、智慧农业实现产业转型升级，将极大提升中国水产行业的竞争力，为社会提供更多优质蛋白质来源，同时改善国人的体质。这是一场伟大的变革，更不用说可以因此解决大量荒地闲置问题，让农民实现在家门口就业、赚钱，同时让土地恢复生机。

新农人学校不仅带来生态化的教育理念，还依托人工智能和机器人技术，在零散土地条件下实现农业的智能化、精准化和数字化，使那些沟沟坎坎、犄角旮旯的土地都将得到有效利用。这样的文化传承下去，将对社会产生巨大的推动作用。

　　UGC 模式以土地为核心，是将延续几千多年的乡土文化完整保存和延续下去的重要手段。乡村的土地承载着我们儿时的记忆，有童年时的欢声笑语、家族的祠堂以及祖先的坟茔。生于土地，回归土地，完成干净而彻底的循环，像溪上美术馆和苏家围等也将迎来新的发展机遇。

　　最重要的是，土地作为财富之母，终将回归其本位。以土地为核心的农业金融，无论是保险、期货还是基金，都将是促进乡村发展的重要工具。

　　路漫漫其修远兮，吾将上下而求索。

未投放渔方前的河源市东源县罗坑水库

159

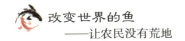

后 记

    2024 年仲夏，我住在风景如画的涔槐国家湿地公园，并在管理处写下了这本不算太厚的书。与 19 世纪中叶的梭罗相比，我的生活要舒服得多。我不需要劈柴做饭，也不需要计算每天的开支。"福寿鱼"（向世喜）负责我的一日三餐，有时在他比较忙的时候，连他的女友也会过来帮忙。

    瓦尔登湖位于美国马萨诸塞州，面积约 25 万平方米，而百岛湖的面积是它的数倍。梭罗的时代，没有什么工业化的痕迹，他能够使用的最大、最好的工具不过是斧头，而今天的百岛湖，大型机械已随处可见。幸运的是，工人们作息随意，天热或下雨时他们都不上班，这既保持了环境的宁静，也减少了污染。

山门水库管理处的香樟树，芳香浓郁

聪明鱼公司的商业探索并不容易理解，许多人往往将其简单归类为养鱼。我们无法反驳这种说法，毕竟聪明鱼公司确实覆盖从一产、二产、三产、四产到五产的产业链要素（所谓四产指的是信息化，五产指的是金融化）。这些都是新的生产要素，也是新质生产力的内在要求。

本书的写作过程并非一帆风顺。上天似乎并不希望这么快就让世间实现生态化条件下的标准化，实现水利万物惠及所有人的商业实践。刚来到基地的第三天，施工队挖土时挖断了水管，导致基地连续停水三天。水管刚接通，另一辆运送设备的大卡车又因不注意限高，车厢上面的大桶碰到了电线，导致电线杆和线缆断裂，基地又停电停网两天。在这期间，向总带着我住过公司的渔墅，也到镇上住过宾馆，可谓"打一枪换一个地方"。在这一连串停电、停水的波折中，我顺利完成了本书基本结构的写作，并且写了大约4万字。

这些波折或许是为了给美景做一种注解。山门水库美不胜收，给了我无尽的灵感。在碧波万顷之间，

水库管理处清晨的阳光

161

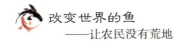

似乎隐藏着解决土地问题的密码。

每天清晨，我沿着山门水库的大堤或跑或走，一边欣赏美景，一边构思书的内容。空气清新，除了鸟鸣声，没有任何杂音扰人。早晨的阳光透过树林，洒下斑驳的光影，香樟和松木的清香弥漫在林荫大道上。高浓度的负氧离子令人神清气爽，晚上也能享受到优质的睡眠。

这座建于 20 世纪 70 年代的大型水库中有 90 余个岛，从空中俯瞰，星罗棋布，宛如一幅美丽的画卷。

这座水库里至少有 3000 万斤鱼，因为从建库开始到现在从未打捞过，也根本无法打捞。"银鱼"的母亲，一位喜欢钓鱼的老太太，曾经在水库里钓上来一条 80 多斤的青鱼。据说，水中最大的青鱼超过 300 斤。

但自从"聪明鱼 1 号鱼"上市以后，"银鱼"就再也没有吃过一条百岛湖的野生鱼，原因在于实在受不了那挥之不去的腥味。

水天一色的美景给我提供了无尽的灵感，使我将与"银鱼"相识以来所参与、了解的事汇集在一起。这些事，以及其背后那群充满乡土理想的人的努力与奋斗，此时此刻都跃然纸上。无论我们走得有多远，飞得有多高，灵魂深处总有一个寂静的归宿，那就是故土。

正如绝望中的郝思嘉所回忆的"陶乐陶乐，一定要回到陶乐去"，每一个漂泊在城市中的人都渴望拥有一片承载灵魂的故土。聪明鱼公司要走的路还很长，"让农民没有荒地"不仅是伟大的理想，更是建立命运共同体的必由之路。

作为本书的作者，我只能作为一个记录者，将一群人对土地的热爱、对生命的热爱记录下来。这本书也是我在经历生命中巨大震荡后，以完全独立的视角对所经历的人和事进行的一个总结。因此，就像《改变世界的机器》的作者沃麦克所言，所谓的集体认知最终不过是 3 位作者的思维而已。同样，虽然我记录的是以"银鱼"为首的一群人，但最终呈现的不过是我的视角。因此，所有的荣耀都属于大众，而不足与错误属于我个人。

　　我是一个坚持了 16 年的素食主义者，虽然这条鱼被誉为世界上好吃的鱼，但我实际上并没有品尝过（体验过一次，跟着大家一起喝了鱼粥）。但我问心无愧，为大众带来利益就是我的人间道场。

　　最后是一些老套但不可或缺的致谢。黄兴灿先生一如既往地为我校对，"溪石斑"陈汉武先生提供了大量图片与相关资料。我多年的合作出版商也给予了极大的帮助，我的每一本书的出版都离不开幕后工作者的帮助，在此一并致以由衷的感谢。